父母的情绪决定孩子未来

罗佩◎著

江苏凤凰科学技术出版社
全国百佳图书出版单位
·南京·

图书在版编目（CIP）数据

父母的情绪决定孩子未来/ 罗佩著. -- 南京： 江苏凤凰科学技术出版社， 2022.01
ISBN 978-7-5713-2379-0

Ⅰ.①父… Ⅱ.①罗… Ⅲ.①家庭教育－教育心理学 Ⅳ.①G780

中国版本图书馆CIP数据核字（2021）第175990号

凤凰汉竹

中国健康生活图书实力品牌

父母的情绪决定孩子未来

著　　者　罗　佩
责任编辑　刘玉锋　黄翠香
特邀编辑　陈　岑
责任校对　仲　敏
责任监制　刘文洋

出版发行　江苏凤凰科学技术出版社
出版社地址　南京市湖南路1号A楼，邮编：210009
出版社网址　http://www.pspress.cn
印　　刷　南京新世纪联盟印务有限公司

开　　本　720 mm×1 000 mm　1/16
印　　张　12
字　　数　250 000
版　　次　2022年1月第1版
印　　次　2022年1月第1次印刷

标准书号　ISBN 978-7-5713-2379-0
定　　价　49.80元

写在前面的话

让改变自然而然地发生

如果要问家长，在育儿的过程当中，感到最头疼的是什么？

有的回答是孩子写作业拖拉；

有的回答是孩子厌学；

还有的回答是孩子沉迷电子产品，等等。

每家的问题都不同，但有一点可以肯定，那就是家长对孩子的现状不满意，想要改变孩子。

家长之所以想要改变孩子，是因为对孩子抱有期待，而家长看到的孩子，跟期待中的孩子模样不同。

然而很多家长在改变孩子的过程中，却面临一个更大的难题：要么孩子的情绪失控了，要么家长的情绪爆发了。因为家长通常会以发脾气的方式，试图逼迫孩子改变，而孩子也会用情绪爆发的方式，来阻止这种改变。

所以，在讨论育儿时，我们应该探讨如何有效地做出改变。

可是无论是大人还是孩子，都不是容易改变的，除非他自己愿意。家长需要走入孩子的内心，靠近他，并和他建立联系，从而慢慢地影响、感化他。而不是用成人的标准，提醒孩子需要做什么，应该做什么。

前者是唤醒，是由内向外的生命力；后者是禁锢，是从外向内的压力和束缚。

孩子是不会改变的，除非他感觉到被爱；

孩子是不会改变的，除非他感觉到被尊重。

目 录

Contents

第三章

和孩子一起制订目标，让学习变成快乐的事

第四章

好习惯是孩子一生的竞争力

第五章

允许孩子犯错，每次犯错都是一种学习

第六章

小事情里培养大品格

第一章

控制好情绪
是有效改善
亲子关系的前提

不要再为发脾气自责了，每个人都会生气

做个小测试，把自己代入到以下情景中：

对你来说，这真是糟糕的一天。在公司，制作的方案被客户挑剔，领导当着比你年轻、比你能干的新员工的面狠狠数落了你，业绩上的压力扑面而来。你心事重重地回到家里，进门时你的另一半打来电话说：“亲爱的，公司安排出差一周，这个星期又得你多担待了。”

你打开房门，孩子正抱着一桶薯片坐在沙发上看电视，你问：“作业写完了吗？”他若无其事地回答：“还没写，我想吃完饭再写。”

此情此景，你会做什么呢？

如果你开始对孩子发脾气，说明此时此刻你是一个非常正常的家长，有负面情绪的时候，你能够发泄出来。

如果你做了几个深呼吸，开始引导孩子，也说明你是个非常正常的家长，在了解自己以及如何控制好自己的情绪上，看得出来你在努力。

1 每个人都有喜怒哀乐

我在网上看到一个妹妹评价自己的姐姐："我姐的儿子打翻了一瓶牛奶，她破口大骂。看到她那愤怒的样子，我感觉好可怕。如果是我，做不到爱孩子，就不会选择生孩子。"

看到这个评价时，想起人们常说的"养儿才知父母恩"。

大家只看到一位母亲因为孩子打翻了一瓶牛奶而破口大骂，却不知道，在孩子打翻牛奶之前，她可能已经经历了无数个崩溃的瞬间。

很多妈妈之所以会发火，真的是因为承担了太多太多。

两年前，我开过一期"正面管教"的线上训练营，课程期间，有位妈妈加了我的微信。我至今记得她泣不成声地说："听完今天的课，我哭了很久，有种终于被人理解了的感觉。我真的太累，太累了……"

她丈夫常年在外地工作，她一个人在家带着两个孩子，儿子不到3岁，女儿才儿个月。换季时，她和孩子都感冒了，本来自己都需要照顾，可是，她还得拖着疲惫的身子照顾两个年幼的孩子。

她没力气做饭，就熬了一大锅汤和一大锅粥。连着三天，3岁的儿子只能跟着妈妈在家上顿汤和粥，下顿汤和粥。

第三天晚上的时候，孩子赌气不肯喝粥，一直哭，忍无可忍的她一把抓过桌子上的碗就摔在地上。

碗摔在地上发出脆响，儿子吓得愣住了，流着眼泪说："求求妈妈别生气，我喝粥。"女儿也吓得哇哇大哭。

那个瞬间，她自责不已，儿子才3岁，他吃腻了汤和粥多正常啊，为什么要冲他发脾气呢？她责备自己不是一个好妈妈。

可是，她的内心却又有无尽的委屈在翻滚，她说："我真的很心疼孩子，他们需要爱，需要呵护，可是谁来呵护我呢？谁可以替我分担？生活中，来自家人的理解几乎没有，有的只是指责和抱怨，抱怨我爱发脾气，抱怨我不能照顾好孩子。从来没有一个人跟我说，'你辛苦了。'"

当她听到课程里，我跟学员说"我们可以先照顾好自己，我们也可以有情绪"的时候，瞬间就泪崩了。

所以，如果你因为某件事情绪崩溃冲孩子发火，之后再陷入自责、沮丧当中。请记得，这个世界上，找不到一个从来不愤怒的妈妈。

导致一个妈妈情绪崩溃的原因有很多，找到让自己生气的原因后依次解决，比陷入无尽的沮丧和自责，下次却还重复这样的行为，要有效得多。

2 发脾气会伤害孩子，但过度自责并不会对自己有帮助

当孩子降生时，作为妈妈，都想把这个世界上最好的东西给孩子。

你之所以在跟孩子发完脾气后自责，是因为期待自己做个完美妈妈，也误以为冲孩子发脾气，会给孩子造成一辈子的心理阴影。

但这样会导致你总在苛求自己，觉得只有自己做到完美了，孩子的成长才能万无一失。

事实上，孩子都有自我修复和适应的能力，不至于那么脆弱。并不是所有的发脾气都会给孩子带来伤害，伤害是由很多因素决定的。

首先，发脾气这件事情频繁发生，孩子生活在这样的环境中已经战战兢兢了。

其次，不分青红皂白发脾气，经常冤枉孩子，会让孩子的委屈不断累积。

还有，发脾气后，从来不试图跟孩子修复关系，孩子感受不到来自父母的爱，只有冷漠和恨。

……

也就是说，如果你只是偶尔跟孩子发脾气，而且在发过脾气后，还会自省，你的孩子是有足够能力消化的。

举个例子：

6岁的妙妙生活在一个充满爱的家庭。有一天，爸爸妈妈因为一件小事产生了误解，双方情绪都很不好。这个时候，妙妙吵着要去公园，因为这是爸爸妈妈几天前就承诺的。妈妈跟妙妙说：“今天爸爸妈妈有点事，我们改天去吧。”妙妙一听，委屈得哭了起来。看到妙妙哭，妈妈突然爆发了，冲妙妙大声喊：“没看到妈妈心情不好吗？你要是想去你自己去！”妙妙吓得不敢作声了。

事后，妈妈很后悔，她去跟妙妙道歉，并询问孩子当时的感受。妙妙立刻说：“妈妈，没关系。”并告诉妈妈，自己当时有点伤心、害怕，但是现在很开心，因为妈妈又变得温柔了。

有一个让所有人都放松的消息，无论在哪种环境下养育出来的孩子，都不可能没有任何人生限制。因为孩子形成的对自己、对世界的任何一个看法，都是双面的，既会有帮助自己的一面，也会有限制自己的一面。

有一天我出差，给女儿留了书信，女儿告诉我说：“妈妈，你给我写的信怎么不能像写给朋友的一样，用打印的呢？那样我会感觉很受重视。”其实，在我看来手写信是一件非常有爱的事情，但在孩子那里仍然可能留下负面的看法。

所以，当你没有控制好自己情绪的时候，接纳自己并允许自己放松，后果并没有你想象的严重。

3

当坏情绪上来时，先承认并接纳自己状态不好

这么说，并不是鼓励你随意冲孩子发脾气，而是帮助你有接纳自己情绪的意识。只有先接纳自己的各种情绪，才能解决问题——意识到自己有负面情绪的时候，你需要做点什么帮助自己感觉好一点；或者说，做点什么帮助自己以不伤害孩子的方式，释放自己的坏情绪。

拿第2页那个情景来分析一下：

发火的那个当下，你以为让自己暴怒的，是孩子没写作业这件事。

但如果今天，领导打电话告诉你升职加薪了，你很开心；跟朋友出门逛了一天的街，买到了特别喜欢的衣服和鞋子；回家的时候，老公打电话跟你说，周末订好了酒店，全家找个舒服的地方好好度个假。这时你推开房门，看到你的孩子在沙发上看电视，他告诉你，吃完饭再写作业，你还会发火吗？

所以，让你有情绪的，不是孩子没写作业，而是孩子没写作业这件事，让压抑了一天的情绪终于找到了出口。

当坏情绪上来时，深呼吸，冷静一下，然后告诉自己：我很生气，我需要发泄一下，我需要找到一个更好的办法发泄一下。

要知道，情绪是流动的，它会来，也会去，你要允许自己有负面情绪，而不是压抑它。压抑自己的情绪看上去是让情绪慢慢消散，其实却是起到了截然相反的作用。

如果你在有负面情绪的情况下，不去疏导，而只是强行告诉自己“我不允许这种情绪出现”的话，这是不尊重自己的感受。每个人都一定有过那种怒不可遏的感受，如果身边的人跟你说：“没关系，这没什么大不了的，别生气。”这个时候你一定会更生气。

一个不能接纳自己感受的家长，就没办法做到自我认同，更无法去理解孩子、接纳孩子的感受。

接纳自己有负面情绪后，再去想做什么事情，可以在既不会伤害自己、也不会伤害他人的情况下，让情绪发泄呢？比如深呼吸、听音乐、购物、捶沙包、出去跑两圈……

如果实在控制不住，冲孩子发火了，也请接纳自己的行为，告诉自己，我是一个妈妈，但我首先是一个人，是人就会有情绪。因为我的坏情绪伤害了孩子，自责和悔恨解决不了任何问题，我需要考虑的是怎样修复对孩子的伤害。

一个好妈妈并不是一个零吼叫、不生气的妈妈，而是一个即使生气，也知道应该怎么办的妈妈。

Tips

天生脾气不好，忍不住怎么办？

说自己天生脾气不好的人，其实是在为可以肆意发脾气找借口，家长高频率地发脾气有以下几个原因。

1.对情绪的错误认知，认为人的性格、情绪是天生的，但其实人的情绪管理能力也是后天可以习得的技能。强调脾气不好，会给自己一个不好的心理暗示，即脾气是像宿命一样，无法改变的。这种认知会把自己困起来，让自己充满无力感。

2.对于养育孩子方法的缺失，当孩子犯错的时候，不知道除了打骂、责罚，还有什么其他更有效的方式可以引导孩子。

3.疏于对自己的照顾，成为妈妈以后，就把所有的精力全部放在孩子身上。一个没办法照顾好自己的妈妈，就像一颗随时容易被引爆的炸弹。

当你从这几个原因着手去努力的时候，就会发现发脾气的频率会大大降低，自然而然就习得了良好的情绪管理能力，也将成为孩子的情绪管理老师。

情绪易失控？尝试一下积极暂停

我在上家长课时发现一个现象，如果孩子还没到青春期，情绪容易失控的父母，在课堂上会表达自己对吼孩子这种行为的后悔和内疚。

但青春期孩子的家长，情况就完全发生了变化。这个时候容易发脾气的是孩子，而需要观察孩子脸色的是家长。

前几年父母的行为，孩子完整地复刻了下来，并将它还给了父母。

控制情绪，是有效改变的前提

很多家长跟我说，育儿的书籍看了一大堆，那些方法看起来都很好，但是脾气一上来，就忘到九霄云外去了。所以做出改变的前提，是你能够心平气和地理性思考。

网上有过一个火爆的视频，画面展示的是一位妈妈情绪失控，不顾自己丈夫和身边人的阻拦，拼命撕扯着一个小女孩，让小女孩给自己1岁多的儿子道歉。因为小女孩在玩耍时，从她趴在地上的儿子背上踩了过去。

在这个妈妈暴力为儿子争取道歉时，不但小女孩吓哭了，她自己的儿子也吓得“哇哇”大哭。

可以想象，那个孩子在妈妈的情绪大爆发中，是一种什么样的感受！或者说，在这个关系里，没有哪一个人的感受是好的。强烈的负面情绪，如愤怒、焦虑充斥着每个人的内心。

年幼的孩子不明白妈妈为什么会发怒，他会觉得是自己的原因，会想“我是不是一个惹麻烦的孩子，一个令爸爸妈妈讨厌的孩子”，甚至他会为自己无力让父母高兴起来而难过。这样，孩子会长期处于自我责备的压力状态，而长期在这样的压力环境下成长的孩子，大脑中进行理性思考的前额皮层是会受到损伤的。

所以，家长要了解自己的情绪，并且试着和情绪共处，而不是被负面情绪牵着鼻子走。

2

情绪稳定的父母，是怎么对待孩子的

正面管教创始人简·尼尔森创作了一本绘本，绘本名字叫《杰瑞的冷静太空》。

小男孩杰瑞不小心摔倒了，打碎了要送给爸爸的生日礼物——一只陶碗。

他情绪失控了，把家里的门猛地推开，怒气冲冲地走进家门。

妈妈看到孩子后是怎么做的呢？她看了看杰瑞，很温和地说："我能看出来你很生气，想说说是怎么回事吗？"

杰瑞拒绝了，他不但大声说不，还做了一个发泄愤怒的动作，狠狠地踹了餐桌腿一脚，因为太过用力，他疼得哭了起来。

妈妈张开双臂抱过愤怒的孩子，让孩子在自己怀里一直哭。

当杰瑞终于不哭了，他开始用妈妈教自己的方法，深呼吸了两次，并告诉妈妈发生了什么事情。

妈妈告诉杰瑞，发生了这样的事情，你一定很伤心很难过，这很正常，但是伤害自己，损坏桌子就不好了。除了做深呼吸，在你生气的时候，你还可以做一些什么呢？

当杰瑞回答不知道的时候，妈妈给出了自己的建议，并引导杰瑞去尝试。

我相信，生活中，如果孩子毛手毛脚打碎了东西，还大哭大闹，在家打、砸、踢，能够忍住不发怒的父母真的不多。

那绘本中的妈妈在孩子有情绪时，是怎么做的呢？

温和地接纳孩子的情绪

人的大脑里有一群神奇的细胞，叫“镜像神经元”，它的功能就是反映和模仿他人的行为。

当孩子生气、愤怒时，正是他最需要爱的时候。如果你没有察觉到孩子此刻的需求，你就会受孩子情绪的影响，变得情绪激动或者愤怒起来。这个时候，两个愤怒的人就会起冲突，相互指责、相互攻击，最后两败俱伤。

如果家长能对孩子的情绪有所察觉就会知道，此刻，接纳孩子的坏情绪，是帮助孩子平静下来的最快速的方式。

允许孩子用哭泣来发泄情绪

很多成年人小时候不被允许哭，所以长大成为父母，也看不得自己的孩子哭。但其实，哭泣是发泄情绪的一种正常的方式。

每个正常健康的孩子，都会有喜怒哀乐。有位家长在课堂上恍然大悟，跟我说：“以前制止我的孩子哭，这不就跟我早上对着天空，制止太阳升起一样荒谬吗？而我却坚持这一行为好几年，还认为理所应当。”

正确的做法是，在孩子哭泣的时候，不制止孩子，陪着孩子，可能的话，可以让孩子靠在你的怀里。

没有人可以禁止自己或者别人有情绪。被禁止的情绪不会消失，它会藏在身体的某处，经年累月地影响着身体和心灵。就像弗洛伊德说的：“未表达和承认的情绪永远不会消亡。它们只是被活埋，并将在未来以更加丑陋的方式涌现。”

最好的方式是让情绪以健康的方式流动起来，比如哭泣，哭完了，整个人也就好了。

教给孩子正确处理情绪的方法

回想一下，你在日常生活中，之所以不允许孩子生气、愤怒等，真的是不允许孩子有这样的负面情绪吗？其实并不是，你不允许的是孩子在有负面情绪时，选择了不当的处理情绪的方式，比如摔砸东西、踢门、伤害别人或者伤害自己等。

家长要把孩子生气时的感受和生气时宣泄情绪的行为区分开，告诉孩子每个人都会生气，这些是正常的。但需要想一想，下次可以用哪些负责任的、不伤害人的方式，让自己平静下来。

在绘本《杰瑞的冷静太空》里，妈妈并没有在杰瑞出现不当行为时制止他，而是待杰瑞冷静下来，才告诉孩子，这样的行为是不可取的。

让孩子能够明白，作为一个人，有正面和负面的情绪，是一件很正常的事，而且这些情绪没有好坏。可以采取深呼吸等不伤害别人、不伤害自己，也不伤害环境的方式，来释放负面情绪。

家长能做到这一点的前提，是自己允许并接纳所有的情绪，并能区分负面情绪和发泄情绪的行为。

3 怎样才能成为一个情绪平和的大人

不要当着孩子的面情绪失控，也不要以不妥当的情绪示范，来教导孩子如何表达感情，比如在家摔东西、暴怒、哭泣……

但负面情绪来了，到底要怎么管理呢?

在《杰瑞的冷静太空》这本书中，妈妈引导杰瑞做了一个“冷静角”，当情绪快要失控时，就主动到冷静角待一会儿，等待自己的情绪变得好起来，这其实是一种适合所有人的情绪管理方式。

在生气的时候，一定不要做决定。美国脑神经博士丹尼尔·西格尔提出，人在生气的时候，没有能力理性思考和解决问题，大脑只会做出进攻或者逃跑的动作。你需要先让自己生气的状态回归到平静，这个时候，大脑才可以恢复理性思考的能力。

妈妈引导杰瑞做的事情，其实就是意识到自己生气了，先放下需要面对的事情，暂停一会，把自己从生气的状态，调整到平静的状态。

所以，如果家长意识到自己情绪很激动，甚至很生气，可以试试像杰瑞一样，找个地方先让自己平静下来。这个地方也就是“冷静角”。

寻找一个让你自己感觉舒服的地方，给它取个名字，在里面放一些可以让你情绪好起来的东西，比如拇指琴、零食、喜欢的书籍等。

如果这个冷静角是给孩子使用，你们可以一起来建立。记住，让孩子参与越多越好，你不需要去评价他的选择，更不要让他听你的建议。

让孩子选择地方，让孩子布置，并让孩子给冷静角取一个名字。最开始，孩子并不会知道这个冷静角是做什么用的，与其告诉他，不如自己率先使用，孩子会模仿家长的行为。

当你意识到自己情绪快要失控，马上要跟孩子发火，就可以从引起负面情绪的场景或事件中暂时离开，到你的冷静角自行调节情绪。

在我的课堂上，有个妈妈Q分享了她女儿小雪的冷静角。冷静角是她跟女儿一起布置命名的，名字叫“魔法森林”，因为小雪非常喜欢魔法。这个冷静角设置在女儿的衣柜旁边，里面按照女儿的意思堆满了她收集的魔法小玩具。

Q告诉小雪：“以后，当你生气的时候，想哭的时候，你可以到‘魔法森林’里待一会儿，妈妈不会因为你哭闹而生气，在这里谁也不会打扰你，你会慢慢高兴起来。”刚开始小雪并不会主动去她的“魔法森林”，因为她还没有真正明白“魔法森林”的使用方法和作用，于是，Q率先使用了“魔法森林”。

那天晚上，9点半该睡觉了，可小雪仍然沉迷在她的动画片世界里，Q提醒了几次该关电视睡觉了，可她完全不当回事。Q走过去，关了电视。小雪生气地大喊大叫，还将茶几上的东西都扔到了地上。

Q看见了很生气，因为她跟小雪讲过很多次：生气的时候不要乱扔东西。当Q正要情绪爆发时，她对小雪说：“妈妈现在很生气、很难过，所以我要去‘魔法森林’里待一会儿，让自己平静下来，十分钟以后我会回来。”

Q到了孩子的“魔法森林”里，看到了孩子的玩具和魔法故事（小雪的画），不到两分钟，就慢慢平静下来了！与此同时，小雪也停止了哭泣，来到了“魔法森林”。

看见小雪已经平静了，Q对小雪说：“现在妈妈感觉好多了，不那么生气了，我们聊聊好吗？”

小雪说：“好。”

然后小雪坐在妈妈的腿上，Q跟她说：“妈妈知道你很喜欢看那个动画片，但你答应过妈妈每天晚上9点半要上床睡觉的，对不对？”

小雪说：“可我真的想再看一会儿。”

Q说：“嗯，妈妈明白你的心情。妈妈跟你说，那个动画片明天还会重播的，到时候你再看好吗？”

小雪高兴地说：“好！”

一场战争在即将爆发之前，在“冷静角”里熄灭了，为后续的沟通和解决问题铺平了道路。

家长就是孩子的镜子，孩子每天模仿家长的行为来学习，尤其是情绪管理，孩子会原封不动地照搬过去。孩子不会听家长说你要管理好自己的情绪，他们只会无意识地模仿家长如何面对自己的情绪。

你期待几年以后，在家里看到一个怎样翻版的自己，是从容平静，还是易怒易躁，这些都是你自己可以决定的。

Tips

跟孩子商量建立好了冷静角，但为何孩子从来都不用？

建立冷静角的终极目的是让孩子能够有良好的情绪管理能力，而冷静角只是一个工具，或者是帮助孩子管理好情绪的一个载体。当孩子从来不使用的时候，家长可以：

1.率先使用，孩子会从家长的行为中模仿学习；

2.反思建立冷静角的时候，是否尊重了孩子的意愿。

使用冷静角是孩子照顾自己情绪的方式之一，但不是唯一。孩子需要离开家上学、玩耍，当他能够用其他负责任的方式平静下来的时候，也是极好的，因为家长希望孩子获得的，是无论在哪里，都有觉察情绪和管理好情绪的能力。

脾气不好的时候，记住，你需要照顾自己了

在我的《正面管教》课程里，我经常带大家做一个活动：在教室的一面墙上，贴上1~10这10个阿拉伯数字。

然后，我会要求家长们根据我的问题，站到相应的数字区域。

第一个问题，你的孩子几岁了？

第二个问题，你学习家庭教育几年了？

第三个问题，最近一周，你做了多少件照顾孩子的事情，包括与孩子谈心、辅导孩子作业、带孩子出去玩耍、给孩子做一顿美食等。

第四个问题，最近一周，你做了多少件照顾自己的事情，包括泡个澡、逛街、做美容、按摩等。

第五个问题，最近一周，你每天的睡眠时间是几个小时？

第六个问题，最近一周，你跟孩子发了几次脾气？

当我问完这几个问题，家长们纷纷意识到了什么，有的妈妈说："我学习家庭教育的时间越长，我跟孩子之间的冲突就越少，不是因为孩子变了，而是我自己变了。"有的妈妈说："我发现我的睡眠时间跟我向孩子发脾气的次数成反比，我睡得越少，发脾气就越多。"还有的妈妈说："当我一周花了比较多的时间照顾自己而不是照顾孩子时，我们家的家庭氛围反而是最好的。"

成为妈妈以后，大家都把大部分的精力给了孩子，却忽略了自己。个体心理学创始人阿德勒说："人的烦恼全来自人际关系。"而人际关系的根源其实是自己跟自己的关系。照顾好自己，是改善自己和孩子关系的开始。

1 新手妈妈都曾狼狈不堪

很多年过去了，女儿2岁多时的一幕，我仍然记忆犹新。

女儿感冒后呕吐到地板上，我起身拿拖把，走得太急，“咣当”一声，整个人重重地摔在地板上，眼冒金星。

爬起来后，我顾不上冰敷后脑勺肿起的大包，继续清理女儿的呕吐物。

手忙脚乱带女儿去看医生的路上，车子竟半路抛锚。

总算等来救援车辆，打开汽车引擎盖检查的时候，师傅说：“你的车是不是很久没有去保养了？今天还好你停车及时，不然烧了发动机也说不定。”

车跟人一样，你照顾好它，它就给你提供帮助，你对它不管不问，它就会把你丢在路边。

我低头看着自己手上和衣服上因为打开汽车引擎盖所留下来的污垢，看着天边越来越浓的暮色，竟有种莫名的委屈与难过，想要狠狠地哭一场。

那个时刻，濒临崩溃的我，就像摆在我面前的那台车，因为太久没有打理和保养，终于半路抛锚。

汽车的主人总会在每次开长途之前，对车的每个部位进行彻底检查与保养，正常人从小到大也会定期接受体检和享受各种假期。可是成为母亲后，很多人却进入了全年365天不加油，且无停歇的状态。

只知道时间不够用，压根就没意识到，这是一趟人生中最为重要的旅程，你更需要在每一个可以休息的站点，给“发动机”足够的保养与护理。

2 在忙碌的生活中见缝插针照顾自己

女儿小时候，我给她讲过一本绘本，绘本名称是《让我安静五分钟》。

主人公象妈妈好忙好累，很想自己安静五分钟。可是，孩子们黏得可紧了！

一大清早，孩子们正在吃早餐，看看孩子们是怎么吃早餐的，这可不是让人看了会开心的一幕。倒在地上的麦片，还有同样掉在地上的小刀、勺子、杯子，甚至书本。桌面也是一片狼藉。

象妈妈多想能安静地吃顿早餐啊。她拿出餐盘，把茶壶、牛奶罐、她最喜欢的茶杯、涂了橘子果酱的烤面包片放在餐盘上，偷偷地往门口走去。没过多久，孩子们就跟上来了……

大象妈妈想去泡个舒服的澡，但是让孩子们发现了，孩子们问妈妈要去哪儿，象妈妈说去浴室，想自己一个人安静五分钟。

可孩子们能让妈妈安静五分钟吗？象妈妈放了一缸的热水，坐进浴缸，给自己倒了一杯茶，闭上眼睛，这就是天堂！

但孩子们不放过妈妈，一个一个地缠了上来。象妈妈的孩子莱斯特开始吹笛子了，他把《小星星》这首曲子吹了三遍半，象妈妈这时候的心情是怎样的呢？

象妈妈的生活，其实就是很多妈妈的日常写照，尤其是多子女家庭。

要维持一个家庭的运转，妈妈手里有做不完的事情，每个孩子都需要妈妈照顾，妈妈要五分钟的安静时间真的很难。但就是在这样无奈的生活中，象妈妈仍然在找各种机会，用各种办法照顾自己。

读完这本绘本，我开始放下很多执念。

首先放下自己所谓的完美主义，女儿吃饭弄脏了衣服，我不会像以前那样受不了马上要脱下来去洗；晚上睡觉的时候，我也不再调三五个闹钟，只为了叫醒自己看看女儿是否踢了被子；当女儿午睡的时候，我也不再会着急忙慌地清理好餐桌和厨房，就当那些餐具暂时看不见吧，让自己也跟着睡一会儿。

当自己放松下来以后，我发现很多与女儿相关的事情，并不是像我之前认为的完全不行或者非做不可了。我不再逼迫自己，例如女儿必须要吃家里做的“干净营养”的饭菜，如果累了不愿意做饭，就找个干净的餐馆应付一顿吧……

给自己五分钟，安静地吃个早餐，安静地泡个澡，或者安静地出门散散步，就五分钟，天不会塌下来。

当你能从这繁杂的琐事里抽离出来，让自己得到暂时的放松，你就少量多次地蓄满能量。

“小河有水大河满，大河无水小河干”，对于每一条支流来说，主流就是它们的母亲。主流有水，支流的水源就会充足；同样的，母亲照顾好了自己，才能够更好地照顾孩子。

Tips

很想照顾好自己，但是条件不允许，没时间怎么办？

有妈妈说，上面的那些道理我都懂，可是那也得条件允许，你没有体验过我的生活，找时间来照顾好自己，说得轻松，那孩子怎么办？

我的一个学员妈妈，带着三个孩子，丈夫上班，非常忙碌。她找不到时间交友，找不到时间出门，除了睡觉，每一分每一秒都被三个孩子和家务活安排得满满当当，更别说好好照顾自己了。

恰巧有一天，她家的水管坏了，她需要去买材料，找师傅来更换维修。整件事情，她花了10个小时来完成。可是到了周末晚上，她惊讶地发现，平常要做的事情，带孩子、做家务，她也一件不落地完成了。这位妈妈多出来的10个小时修水管的时间，是从哪里来的？

说到这里你可能明白了，并不是她多了10个小时，而是当修水管这件事情变得重要又紧急的时候，她就会把它安排在首要的位置。

在你的家里，哪些安排是放在最重要的位置？是陪伴孩子？工作？还是照顾自己？不同的排序，会给你的心情带来怎样的不同？

如果你认为没有时间照顾自己，那仅仅说明，在那个当下，照顾自己，在你一天的活动安排里，你认为不是最重要的事。

没有完美妈妈，也无须做个完美妈妈

在带孩子这件事情上，社会对爸爸和对妈妈的要求，其实是很不一样的。

妈妈为了带孩子，24小时随时待命，周围人会说，再熬一熬吧，孩子上幼儿园就好了，上小学就好了，上初中、上高中就好了。

而爸爸呢，只需要朋友圈发个陪玩的照片，给孩子换个尿片、泡瓶奶粉，就能收获一排的点赞，要是能送孩子去辅导班，那就是绝世好爸爸了。

因此，很多妈妈在带孩子这件事情上，对自己的要求也特别严苛。

妈妈不是超人

我的一个学员跟我说，周末加班，孩子自己去上培训课，不料在中途孩子忽然肚子不舒服。她让孩子先去医院，自己随后赶来。等到她赶到医院的时候，医生和其他看病的人都在感叹她胆子太大了，怎么可以让孩子一个人上医院？这个妈妈也因此无比自责，觉得自己不是个好妈妈。

不知道从什么时候开始，不光社会给了母亲各种压力和期待，妈妈自己也认可了“超人”的设定。

但妈妈哪里是个超人啊，妈妈也只是个普通人，也会犯错，也会做得不够好。然而有孩子后，大多数妈妈很难在孩子面前承认，有很多事情自己尽力了，但是仍然做不好。

在孩子面前，向孩子展示自己是无所不能的，会给孩子带来怎样的影响呢？

孩子会认为，妈妈是自己的拯救者，而自己是被拯救者。孩子遇到了困难，想到的不是如何解决困难，而是希望妈妈救自己。

我想，没有父母会希望自己的孩子成为一个被拯救者，家长都希望孩子能够觉得自己能行，感觉到自己被需要。

所以，放下身边人的期待吧，那是别人的，不是自己的；放下内心对自己的苛责吧，妈妈先要成为真实的自己，才能让孩子也成为真实的自己。

2

过于完美，其实也是一种不完美

很多父母会因为种种事情没做好，而觉得自己不够完美。因为自己让孩子不开心，觉得自己不够完美；因为不能给孩子提供更好的条件，而觉得自己不完美……可是，过于完美，其实也是一种不完美。

以不跟孩子发脾气来举例，孩子在成长过程中，妈妈情绪平和，自然是一件很好的事情。但是这并不意味着，妈妈没有跟孩子发脾气的权力，或者妈妈跟孩子发脾气是要被完全否定的。

每一个人都有情绪，情绪都有失控的时候。父母懂得很多道理，但是在那个当下，就是什么都不想听，就是想发一顿脾气。这样的时刻，发脾气又何妨？父母可以在情绪宣泄后，再来跟孩子修复关系，可以就这件事情平静地沟通，为什么发脾气，谁应该承担这次情绪失控的责任，下一次怎样做才能避免发脾气。

对孩子来说，你的这次发脾气，不但不会成为孩子的阴影，反而能成为他学会解决问题的契机。

做父母的如果一味地控制自己的情绪，要求自己在孩子面前零崩溃，永远平和，可能出现什么状况呢?

一种可能是，孩子也会学到，所有的负面情绪是不可以的。孩子敏感地察觉到了父母不开心，但是孩子不明白为什么大人要极力压制这种不开心。在他成长的过程中，他也会习得同样的处理情绪的方式，有任何负面情绪都不发泄，强行压抑。情绪积累到一定的时候，最终的结果还是爆发。

还有一种可能是，孩子会觉得父母“太假”，明明都那么生气了，紧皱眉头，但是还说自己没事。

3

孩子会从你的不完美中收获什么

毫无疑问，对待育儿这件事情，父母都是很认真的。父母小时候得到过的好东西想一股脑儿给孩子，小时候没有得到的好东西想补偿给孩子。因为爱孩子是父母的本能。

但是，力所能及，尊重自己就好。

有位家长，当听说“我们在育儿的过程中，要学会尊重孩子，同时，也要尊重自己”时，她瞬间热泪盈眶。因为，那几年带孩子又累又崩溃的时光，她尊重了孩子，尊重了丈夫，尊重了长辈，唯一没有尊重的就是自己。

与其要求自己做一个完美父母，不如坦然接受自己就是个60分父母，有不足需要学习，有错误需要修正。坦诚地告诉自己的孩子：“宝贝，爸爸妈妈知道自己有很多地方不够好，也有很多事情做不好，但是你放心，爸爸妈妈在学习，也在努力，希望当我们做得不够好的时候，你能够及时地告诉我们，爸爸妈妈很需要你的帮助。”

那些不完美，就让孩子去接受吧，这样也是帮助孩子理解现实。

正如正面管教研讨会的一名学员凯西·斯金斯基创作的一首歌词《一点点的不完美》。

一点点的不完美并不太糟糕。
一点点的不完美不致让你心碎了。
它能让你更真实，
接近那些不那么完美的人，
就像我一样。
一点点的不完美，
并不太难耐。
你再来一点点不完美就已经够能耐。
它让你再次脚踏实地且让人们保持
自我的价值。
一点点的不完美，
其实恰到好处。
让不那么完美的世界更容易面对。
假如我们能够学到再来一点不完美，
更多的我们就会找到正确之路。
一点点的不完美并不太糟糕。
一点点的不完美不致让你心碎了。
它让你接近真实，
接近那些就像我一样不那么完美的人。

——凯西·斯金斯基

Tips

我想接受自己是个平凡妈妈这个事实，可孩子说某某某妈妈很优秀的时候，我还是会受伤

孩子在成长过程中，会根据父母对待自己的方式思考，比如孩子发现妈妈不能全然满足自己，会有规则和要求，他会哭闹，甚至会想：我不要这个妈妈，我想换一个。

我会看到有些小朋友说："我要谁家的妈妈，那个妈妈好一些……"

首先，父母需要意识到，这是孩子在发泄情绪的行为。如果孩子情绪平静，你再提出同样的问题，孩子则会哇哇大哭表示抗议，因为这并不是孩子心里真实的想法。

父母可以引导孩子，跟他探讨横向比较的关系："妈妈从来不会拿你跟别的孩子比较，因为你生来就是独一无二的。爱你，不是因为你有多么优秀，而仅仅因为你是我的孩子。同样的，我也希望你能尊重我是独一无二的妈妈，我们都努力做得越来越好，但我们也都允许彼此生而平凡。"

跟孩子说“不”，不代表你不爱孩子了

常常看到很小的孩子，为了某个玩具，或者为了吃到一颗糖，先是拖着父母的手央求，进而哭闹，甚至撒泼打滚。又或者大一些的孩子，因为父母不给买新手机、新衣服，跟父母赌气、不吃饭，甚至离家出走。到最后，父母妥协，并叮嘱孩子：“就此一次，下不为例。”孩子点头答应。至于下次，做过父母的都知道，肯定还是老样子。

其实我特别理解父母对孩子的妥协，因为在很多人的潜意识里，拒绝就代表不爱。所以父母往往会找很多理由试图让孩子知难而退，比如“这个玩具家里有一个差不多的，不要再买了”“妈妈没带钱”等。如果孩子听不进去，父母就会用生气、发怒等方式来制止孩子，制止不了时只能妥协。而孩子在这个过程中学会了“只要我胡搅蛮缠，我就能如愿”。

1

你的抱怨，会让孩子觉得自己受伤害

被迫妥协的父母，即使满足了孩子的需求，也会用好多话来伤害孩子，比如：

“每次都这么吵、吵、吵，烦死了！”

“你怎么这么不懂事？”

“你就不能跟人家比点别的吗？”

……

作为一个年幼的孩子，听到这样的言语会是什么感受呢？会觉得自己不被理解、不被爱、没价值……

让人遗憾的是，成为父母后，你常常忘记了，当初自己也是一个孩子。当你说着跟当年父母一样的话时，甚至意识不到，这样的言语会怎样伤害孩子，并影响着孩子的信念。

从出生起，孩子便一直在做各种各样的决定，这些决定形成了他们的性格，甚至隐藏着他们潜意识的想法，影响着当他们感知到周围的环境带来不安全感和压力时，做出回应的方式。

孩子无时无刻不在做决定，主要基于以下问题：

自己是谁？好的还是不好的？能干的还是不能干的？

这个世界是怎样的？安全的还是危险的？友好的还是不友好的？

基于上面两类问题的看法，我要做的是求生存还是求发展？

有句俗话叫作“三岁看大，七岁看老”。并不是说某个孩子在七岁的时候具备了怎样的能力，家长能看到他的前途。而是一个孩子在七岁的时候，以前经历过的种种事情，已经让他无数次做了决定，形成了非常固定的心智模型。

一个总是被妈妈责备、批评的孩子，他会怎么看待自己？他大概很难认为：我是有能力的，我的妈妈这样责备我是因为爱我。绝大多数的孩子这个时候会想：我是没有能力的，妈妈不爱我，我也不被爱。

孩子有没有做对数学题，有没有按时上床睡觉……这些事情如何处理？你在处理这些事情的时候，让孩子形成了对父母怎样的看法？相较而言，后者更重要。因为这就是孩子面对未来的人生底色。一个觉得自己被爱的孩子，他在未来的人际交往里更容易感受到被爱呢，还是一个觉得自己不被爱的孩子，更容易感受到被爱？答案是显而易见的。

2

总是妥协，孩子会觉得你没原则

我的课堂上有位出了名的好脾气妈妈，不管孩子做什么，都好言好语顺着。孩子看电视时，她用央求的语气跟孩子商量："宝贝，看完这集就不看了好吗？"孩子答应："好。"

一集看完了，她继续央求："宝贝，现在可以关掉了吗？"孩子说："看完这集，看完这集就不看了。"

她说，看得最长的一次，孩子竟抱着平板电脑看到了凌晨2点。

家人都怪妈妈纵容孩子，这个妈妈说："孩子不愿意关电脑，我能怎么办？强行关掉了，他又哭又闹，会吵更久。"

从这个妈妈的言语中，可以读到的信息是，之前拒绝过孩子，但是孩子不买账，又哭又闹，最后还是妈妈妥协，还不如一开始就妥协，至少避免了争吵。

总是妥协，孩子就不受伤害，就能感受到来自妈妈的爱吗？其实，这样更可怕。因为你虽然在行为上同意了孩子，但是内心的情绪并没有消化，只是在那里积累、发酵。等到下一次孩子再来挑战而你又忍无可忍的时候，会变本加厉地爆发出来。

这个时候，你的妥协成了孩子不断提出过分要求的温床；这个时候，你的妥协正在为你下一次情绪爆发做积累和准备。

3

在责备与妥协之间，你可以选择规则和爱同行

责备孩子时，你没有尊重孩子；而向孩子无原则地妥协时，你没有尊重自己。在责备和妥协之间，其实还有第三个选择，叫作规则和爱同行。在这个选择面前，你只需要关注自己要的是什么，并且做自己可以完成的部分。

举个例子，早上7:30，孩子需要出门，当看到孩子含着牙刷不动，看着天花板不吃早餐时，责备并不会让孩子加快速度，只会引发冲突。任由孩子拖延时间呢，又会造成迟到的后果。

如果采用第三种做法，你可以和孩子提前达成约定：早上出门需要做哪些准备；如果要在7:30之前出门，需要做些什么，等等。

家长关注在这个约定里自己可以执行的部分，并且坚持去做。比如：我会做好早餐，然后在门口等你。如果迟到了，则是孩子自己的事情。家长既不去替孩子向老师解释迟到原因，也不会落井下石跟孩子说，早告诉过你，不加快速度只有迟到的份儿。

家长分清楚上学是谁的事情，承认自己没有办法强迫孩子，把孩子的事情还给孩子。当孩子不再把精力放在应付妈妈的催促上时，他更愿意把精力花在自己该做什么事情上来。当孩子感受到尊重，他更愿意做出更好的行为。

总觉得对不起孩子，其实是对不起自己

有一次，我在社区做家庭教育讲座，结束后有个妈妈过来跟我聊天。她的状态看起来很不好，用她的话来形容就是感觉自己又焦虑又挫败，因为她觉得与别的孩子相比，自己的孩子内向又胆小，而造成孩子这种性格的原因，是她没有能力给到孩子最好的。作为父母，别人家的孩子拼爹拼妈，而自己家孩子什么都没有。

她跟丈夫每月的薪水加起来有一万出头，每个月房贷4000多元。她想给孩子上家对面的一所幼儿园，学费5000元一个月，她觉得全家人节省点就可以了，孩子的教育是大事。但是丈夫和公婆都不赞成，只好给孩子挑选了一家1000多元一个月的幼儿园。

她觉得很崩溃，让孩子进好一点的幼儿园，除了能有更好的环境、更好的师资力量外，更重要的是能让孩子有更好的小伙伴，为什么大人不能更努力一点，更节约一点呢？

感叹完这些，她长叹一口气，说道：“我深深觉得，欠我的孩子一个对不起。”言下之意，没有给孩子上更好的幼儿园，就是不够爱孩子。

父母是否给了孩子足够多的爱，和给他创造了怎样的学习环境，这二者之间是不能画等号的。父母用给孩子创造好的条件的方式来表达爱，这仅仅是表达爱的众多方式中的一种，还有很多其他方式，可以用来表达对孩子的爱。

如果家长认为，隔壁的小王去了5000元一个月的幼儿园，而我的孩子没有去，心里愧疚，反而会让孩子形成一种错误的价值观：只有当对方给我丰厚的，或者足够多的物质的时候，才是爱我的。而成年人都知道，实际情况并非如此。

孩子自从出生，父母就毫无疑问尽其所能爱着他，这一点毋庸置疑。就像父母不会因为孩子学习少考了一分，而少爱他一点一样，孩子也不会因为父母花的钱少，就觉得隔壁的妈妈要爱她的孩子多一点。

小心，孩子可能会无意识利用你的愧疚

觉得对不起孩子，并不能帮助父母改善亲子关系，因为感到对不起孩子是父母在自我攻击，对自己不认可的同时，还常常伴随着对孩子的盲目补偿。

孩子是特别敏锐的，他能准确地捕捉到父母的这种“对不起”，并加以利用。

我有个朋友，夫妻俩都事业有成，因为工作太忙，他们请了个阿姨照顾孩子的日常起居。因为没时间陪孩子，他们总觉得对不起孩子，所以，夫妻俩总是在物质或者其他方面努力去弥补。

孩子上小学二年级时，因为在学校跟同学打架伤了人，她问孩子：“你知不知道这样做给爸爸妈妈带来了多大的麻烦？”孩子脱口而出：“你们还有脸问我，你们管过我吗？我从生下来就是你们的麻烦！”

想法影响决定

父母因为没有时间陪伴孩子，所以觉得对不起孩子，于是决定在物质上大力补偿。看上去是爱孩子，实则是过度补偿，弥补的只是家长内心的愧疚。

事实上，父母需要解决的问题不是如何补偿孩子，而是疏于陪伴导致的紧张亲子关系，以及孩子未经成年人引导、不成熟的人际交往习惯。这些都需要通过增加亲子陪伴时间来解决。

俗话说“解铃还须系铃人”，陪伴缺失，通过物质来弥补，不仅不能很好地缓解亲子关系，反而会让孩子形成一种扭曲的认知：这都是父母欠我的，将来我长大了，我也可以通过物质来处理所有棘手的事情。想要弥补陪伴缺失，多少物质都不如父母花时间在孩子身上来得重要。

2

养育孩子，关注我有什么，而不是我没有什么

发达的网络把一部分有资源的家庭的育儿方式呈现到普通父母眼前，很多父母会误以为，身边全是这种有钱有资源的家庭，看着看着就心态失衡了，即使将自己弄得疲惫不堪，也要努力给孩子别人有的好东西。又或者，给孩子自己小时候渴望过、期盼过，但是没有得到的东西。唯独不去理性地分析自己家庭的情况，以及孩子的真实需要。

孩子出生后吃的奶粉、用的尿不湿，到穿的衣服、玩的玩具、报的早教班和兴趣班、请的家教老师以及孩子上学的学区，都会默默跟其他人比较、较劲。你家用了什么好的东西，那我家孩子也要有。如果别的孩子有，我的孩子没有，那就太对不起孩子了。这种父母并不在少数。

但家庭与家庭各不相同，在给予孩子物质或者陪伴的时候，有的家庭轻轻松松，有的家庭却非常费劲。

我国台湾著名美学家蒋勋老师说到他年轻的时候在卢浮宫当导游，有一个家庭带着两个孩子，他们看展的时候一直在问孩子还有什么没看到，还有什么“美”没有欣赏到。他们想的是，不要浪费昂贵的机票钱、不要浪费难得的学习机会，一定要把所有高雅的、伟大的画作，“填鸭式”地塞进孩子们的眼睛里。却从没想过，孩子在某一幅前驻足、观看、欣赏的当下，看到了什么，体验到了什么，真正感觉到了美吗。

生活亦是如此，当父母不断关注自己还缺少什么，还有哪些不够，还有什么东西没有的时候，内心其实是焦虑的、匮乏的、没有美的。美其实不用去寻找，就在你陪同孩子驻足的时候，就在你停下来欣赏孩子专注眼神的那一刻，就在你给孩子最普通的食物，他却吃出独特的爱的味道的那一刻。

3

摆脱对不起心理，首先要接纳自己做不到

若是你在给孩子某一样东西时，需要拼命努力，不如给孩子自己能力范围里能给的。如果孩子想要的是你给不起的，别觉得尴尬，更别觉得抱歉，你可以坦然地告诉孩子：“你的这个需求很好，不过目前爸爸妈妈给不了。”

父母对孩子需求的肯定，是对孩子的尊重，父母对自己做不到的事情坦然，是对自我的接纳。

我同事有一次因为工作原因要缺席女儿的幼儿园毕业典礼，女儿是非常希望她去的。同事的母亲为了不让她工作分心，主动跟她说：“孩子幼儿园毕业典礼，我可以代替你去。”

不过同事女儿听到后有些不高兴，妈妈在卫生间刷牙时，她去缠着妈妈，说：“我要妈妈去。”同事抱着女儿说：“妈妈真的特别想去，妈妈一千个一万个想去，我真的不想要工作，只想去参加你的幼儿园毕业典礼。”剩下的时间，她没有说话，只是静静抱着孩子。

这个时候，孩子忽然安静了。然后，她离开妈妈的怀抱，自己洗脸，刷牙，抬头，露出了笑脸，跟外婆去幼儿园了。

做到这一点不容易，这需要妈妈对自己非常坦诚，并且是接纳的。在心理学上这叫作情绪诚实，也可以理解为自我认同。

孩子的一些要求不能被满足，每个家庭都会遇到，只是内容稍微不同，但性质是一样的。

当孩子向父母提出一些父母做不到或者不想做的要求时，应该怎么办？是陷入沮丧的旋涡里，责备自己不够好；还是咬紧牙关，无论如何也不能让孩子失落。这两种做法，其实都是家长不接纳自己的做法。不接纳自己，意味着不能承认在某件事情上，自己暂时做不到。不接纳自己，意味着不能坦诚地面对孩子被拒绝后，可能会有沮丧、难过的情绪。

当父母承认自己不可以，并坦诚地向孩子表达感受，事情反而变得容易多了，因为坦诚地面对自己的感受，会带走而不是带来压力和紧张。坦诚面对自己的内心时，和自己的感受在一起，就会变得不那么容易苛责或者批评自己，而这恰好是自我认同的开始。更重要的是，当父母能够做到自我认同时，才有能力理解孩子，才能不带偏见或者指责地面对孩子的内心。一个经常否认自己的家长，很难在孩子需要援助的时候，去理解孩子。

Tips

小时候物质匮乏，现在条件好了，总想拼命满足孩子，
这种过度补偿心理怎么解决？

每一位父母都想要做得更好，也都在努力给孩子最好的。因为爱孩子是父母的本能，包括让你不能释怀的“没得到”。

跟你一样，你的父母也把自己所能给的最好的给了你，即使你可能觉得曾经给的不够好。但那时那刻，因为条件和水平所限，他们给你的，已经是努力后的所有了。

当你静下心来看到父母曾经为你付出的，你会更多地理解自己的父母，从而放下想要跟父母索要“对不起”的执念，治愈自己。

一个内心深处没有遗憾的父母，面对孩子时，才不会将自己曾经的委屈投射在孩子身上，进而过度补偿孩子。

第二章

不急不吼，
平和的父母更容易培养自信的孩子

在解决问题前，先去理解孩子的感受

电影《狗十三》里面有一个片段：女主李玩父母离异，爸爸因为没时间陪伴女儿，给她买了一条狗。女孩从开始不接受小狗，到后来把小狗当成了自己最亲密的玩伴。然而好景不长，爷爷带着小狗去买菜时，小狗走丢了。

女孩像疯了一样去找寻小狗，家里也炸了锅，全家人想尽办法去解决小狗丢失的问题，比如给孩子买双轮滑鞋、给孩子买一只一模一样的小狗……但不管家人怎么做，孩子都不领情。

最后，父亲忍无可忍，把女儿狠狠打了一顿，理由是家人都做了这么多了，你还想怎样？

如果你还记得自己是孩子时的样子，那么一定能感受到，丢了狗之后，李玩当时内心有多难过；挨打之后，她的内心有多绝望。

她想要的，只是有人告诉她，我们理解你的难过，因为这是你最心爱的小狗。

然而，没有人理解她的感受，更没有人跟她道歉。他们只是告诉孩子，你要懂事，藏起不开心。如果父母假装问题从来都不存在，问题就能解决了吗？

不理解孩子的感受，父母的道理根本到不了孩子内心

孩子在学校挨了批评，回家跟父母倾诉，而父母回答孩子：“那肯定是你没做好啊，为什么老师只批评你不批评别人？”

孩子很委屈，想要从爸爸妈妈这里得到安慰、得到拥抱，父母想的却是解决孩子被批评这个问题，让孩子改正缺点，争取下次不再挨批。

孩子在外面受了欺负，回家告状，父母来一句：“让你在外面少招惹那些孩子，你不招惹他们，他们能打你？”

孩子很伤心，想要从爸爸妈妈这里得到支持和力量，父母想的却是解决孩子挨欺负这个问题，再次叮嘱孩子不要惹事，以免下次还被欺负。

孩子考试很糟糕，回家跟父母诉说难过，父母却说：“让你复习你不好好复习，这么简单的题目都做错！”

孩子很无助，想要从爸爸妈妈这里得到一些帮助。父母想的却是：为什么你不用我教你的办法提升考分，继续这样下去，你下次还是考不好。

……

oh baby

只有成为父母后，才能理解身为父母的苦心，但是孩子并不知道。对孩子来说，如果没被父母理解，反而总是被怼，几次三番，他就再也没有倾诉的欲望了。

当孩子不想沟通的时候，父母就永远失去了教育孩子的机会。

湖南卫视《少年说》节目中有一个片段，可以说是很多家庭中，父母子女相处方式的再现。

录制节目的小女孩有个学霸朋友，在她鼓足勇气去天台跟妈妈喊话前，她是忐忑不安的，因为太了解妈妈，她说："我妈妈一定会怼死我！"事实果然如她所料。

小女孩说："我的学霸朋友全班第一，全年级第一，全校第一，全联盟第一，所以妈妈你总说：'你看你成绩这么差，为什么她会跟你做朋友？'孩子不是只有别人家的好，我也很努力，为什么你不看一下？"

妈妈说："你很棒，但是，我认为我是客观的，把你跟别人家孩子比的时候，肯定不是只与你的学霸朋友比，只有跟别人比，你才能培养好的学习习惯，掌握好的学习方法。"

女孩哭丧着小脸试图继续跟妈妈沟通："我说了我不适合激将法，你老是打击我，我就会觉得自己很差。"

妈妈说："要是不打击你，你就可能会骄傲。"

即使孩子敞开心扉，告诉妈妈，她内心深处的想法，妈妈也没有办法读懂女儿内心的感受。

父母试图在没有情感连接的情况下去解决问题，真的太难了。就像这个女孩，当她被否定时，她会想妈妈是为了她好，为了让她不骄傲吗？不会，她只会觉得，既然怎么做父母都不会满意，索性不做了。

2

说了就去执行，只要态度和善

如果你确实不同意孩子做某一件事情，需要做的是，坚定地告诉他不可以，但是态度要和善。而现实中很多家长做反了，总是态度特别恶劣地制止，却在孩子哭闹打滚时妥协。

在我的一堂家长课上，两位家长志愿者就要不要答应孩子的不合理要求这个主题，进行了两轮角色扮演。

第一轮

孩子：妈妈，今天我没抄完作业，老师就把板书擦掉了，今晚我不能写作业了。

妈妈：你真的是不放过任何机会偷懒，你赶紧给老师打电话问作业。

孩子：你给老师打电话吧。

妈妈：自己的事情自己做。

孩子：嘟嘴委屈，不说话。

妈妈：快点打电话呀，时间都被你耽误了。

孩子：（哭出声来，一边哭一边说）我不要打。

妈妈：今天妈妈先给你打电话问了，下次就必须你自己打了。

第二轮

孩子：妈妈，今天我没抄完作业，老师就把板书擦掉了，今晚我不能写作业了。

妈妈：有什么办法可以知道作业是什么吗？

孩子：你帮我问问同学妈妈吧。

妈妈：嗯，你自己就想到了这样的办法，她的号码在这里，需要的话你可以拨过去问问。（面带微笑，眼神坚定地看着孩子）

孩子：我不要，妈妈你给我打。

妈妈：是不是你会感到有点难为情，担心同学妈妈问你为什么没有记住作业？

孩子（嘟嘴不愿意）

妈妈：如果准备好了，你可以随时过来拿手机。（把手机递给孩子）

孩子（拿过电话）

在进行第二轮角色扮演时，扮演孩子的志愿者说："我觉得妈妈绝对不会妥协了，我本来想着，如果妈妈批评我，我就顺势不写作业，可是没有想到妈妈居然说出我难为情的感受，而且也不要求我做什么。这个时候，我发现作业这个事情，需要自己来面对了，而且妈妈没有给我发火的机会，她的话让我平静了下来，我开始意识到作业是自己的事情，妈妈会支持我，但是不会替我解决问题。"

在实际生活中，也有家长跟我反馈："当我不再说教孩子，而是跟孩子共情、接纳他的感受后，有一天孩子跟我说，'妈妈你怎么不像某某某的妈妈一样，对他大发脾气。如果你也这样，我就正好可以跟你大吵一架，提出我的要求了'。"如果不站在孩子的角度，你可能真的很难想象，原来孩子期待你发脾气，这样他就可以达到他的目的了。

但达到目的的孩子，仍然不会感觉幸福。

《给孩子立规矩》的译者严艺家说："在漫无边际的太空中，如果一个人在独自行走，他看上去是自由的，但倘若没有牵制和规则，这也是令人恐惧的；在观看这样的画面时，如果这个人身上绑着一根牵引绳，能够在局面有点失控时回到太空舱内，这反而会让观众松一口气，觉得他是安全的。"

这就好比我们给予孩子的管教，没有“不”的教育看似自由，实则令人感到不安；有时候正是因为有一个稳定可见的原则，才让探索变得充满底气。这正是孩子从恰到好处的管教中所能体验到的。

作为父母的担心是：跟孩子说不，会伤害孩子。但是需求不被满足这件事情，孩子是能够消化的。但你在不满足孩子的需求时，说的那些伤害孩子的话语，也就是你的态度，才是最伤害孩子的。

Tips

执行规则的时候，孩子总是极力反抗，大哭大闹，怎么办？

通常说到立规则，父母就会想到孩子必须遵守某个规定。这是家长对孩子提出的要求。这个时候，孩子会感到有一股外在的压力扑面而来，会本能地拒绝和反抗。

一个有效的规定，应该是针对家长和孩子双方的。在这个约定里，规定了家长需要做的是什么，孩子需要做的是什么。

回到正文中的例子，孩子没有记录家庭作业，家长需要做的事情就是不包办也不指责，把问题交还给孩子。孩子需要做的是自己找到办法，知晓当天的作业。

所以，一个有效的规定，包括家长提醒自己需要做什么，而不仅是要求孩子需要做什么。

3

建立连接，问题才能迎刃而解

劳伦斯·科恩在《游戏力》一书中说：“什么是连接？当我们与孩子亲密互动时，当我们与孩子哈哈大笑时，当亲子时光爱意满满时……”

我的理解，这是一种大人与孩子之间互相能够理解对方感受，互相接纳对方的一个状态。只有建立了连接，孩子才会获得十足的安全感和自信心，并从内心深处愿意听取大人的建议、乐于合作。

丸子是我朋友的女儿，才5岁的她，不管是跟家长相处，还是跟小朋友玩耍，都表现出非常强的情绪调适能力。朋友曾经跟我分享过她跟女儿丸子的一段对话，极为平常的交谈里，展现的都是这位妈妈对孩子的理解。

某个星期一的早上，眼看上学就要迟到了，而丸子还坐在沙发上不动。

妈妈：丸子，赶快把书包收好，我们该出发了。

丸子：不要！我不想去幼儿园。

妈妈：你不想去幼儿园呀？为什么呢？

丸子：因为我想和你待在家里。

妈妈：是这样啊？

丸子：嗯，我就想待在家里。

妈妈：哦，让我来猜猜看，就是那种也知道要去幼儿园，但是就是想在家里待着，不想去见老师，也不想去见同学的沮丧的感觉吗？有好几次，我也想和你待在家里，坐在椅子上一起读书，而不是赶着上班。

丸子：啊？真的吗？（看得出来丸子有点紧绷的身体，柔软了一些）

妈妈：过来，丸子（把她抱到自己腿上）。对啊，你愿意跟妈妈再多说一点吗？

丸子（点头）：就是为什么我不能像昨天和前天一样，一直跟爸爸妈妈在一起。

妈妈：所以宝宝舍不得爸爸妈妈，有些难过，是吗？

丸子：嗯。我担心我会想你们，想到中午睡不着觉，老师批评我。

妈妈：哦，原来是这样，带着这样的担心去面对老师和同学，还真的很不轻松呢。

丸子：嗯，不过老师说了，睡不着躺着不动，也是可以的。

妈妈：原来你是在想如何帮助自己度过午睡时间的办法，而听起来你好像有一些信心了。

丸子：妈妈，你们去上班的时候会想我吗？

妈妈：想啊，不管你在我身边，还是没有在身边，我都很想你呀，这跟距离没有关系。宝宝是担心如果不在妈妈身边，妈妈就不记得宝宝了吗？

丸子：哈哈哈，才没有呢。妈妈，我们上幼儿园去吧，你上班快要迟到了。

在这段对话中，沮丧、不舍、担心、不轻松等都是感受，妈妈每一次站在孩子的角度，体会到孩子的感受，并表达出来，丸子就得到了一次理解。

孩子呈现出不愿意上学的行为，是因为内心难过、不舍、担心的感受不知道要如何表达出来。当家长看到并认可孩子的感受，孩子也就无需用拒绝上学的方式来让爸爸妈妈知道她的担心和难过了。

孩子如此，成年人也如此。有一次我邀请一位妈妈出门散步，她的孩子才3个月，她特别不放心孩子，出门前，眼里充满了担心、忐忑、焦虑，一遍遍地叮嘱保育阿姨。她一边换衣服、换鞋，做着出门的准备，一边说："算了，我还是不去了。"当她这么说的时候，是真的不想去了吗？不是，而是她不知道要如何安放那些忐忑和担心。

这个时候，我不管建议她去或者不去，她都会觉得难受。因为她内心真正的感受是，渴望出门，但又不知道如何面对自己内心的不安情绪。

怎么办呢？我选择理解并接纳她的感受，并让她自己做决定。最后她选择了在附近喝一杯奶茶就回家。当情绪被看见，其实无论是去还是不去，对这位妈妈来说，都是合适的，她也会觉得自己是被理解和支持的。

同理，父母在试图解决问题前，应该先为孩子的情绪找到出口，譬如给他一个温暖的拥抱平抚心情，然后试着理解他的感受："到了学校想妈妈，你会有些难过，又不知道怎么办，是吗？"而不要强求孩子"不准哭，必须去"。

孩子有情绪，应该让他感觉到，这是被允许的。而当孩子有被理解的感觉，情绪也容易被安抚下来。这个时候，不肯去幼儿园这个问题，自然而然就"恰好"解决了。

每一次遇到问题的时候，如果父母能够绕过解决问题，直奔孩子内心的感受，让孩子感受到自己是被理解、被支持的，父母和孩子的距离就会变得越来越近。当关系变得足够牢固，亲子之间形成了一张无形但是强大的网，带着合作和信任，共同面对生活中的各种事情。

这样做不仅在拉近家长和孩子之间的距离，更重要的是，能够帮助孩子学会管理自己的情绪，让孩子有能力做出决定，从而习得思考问题与解决问题的能力，还会长期自发地坚持。这是所有父母都希望看到的。

先面对儿时被压抑的自己，再面对哭泣的孩子

我曾经在课堂上给过家长们一道选择题。

孩子以下哪种行为最让你头疼？

□ A. 撒谎　□ B. 内向　□ C. 爱哭　□ D. 顶嘴

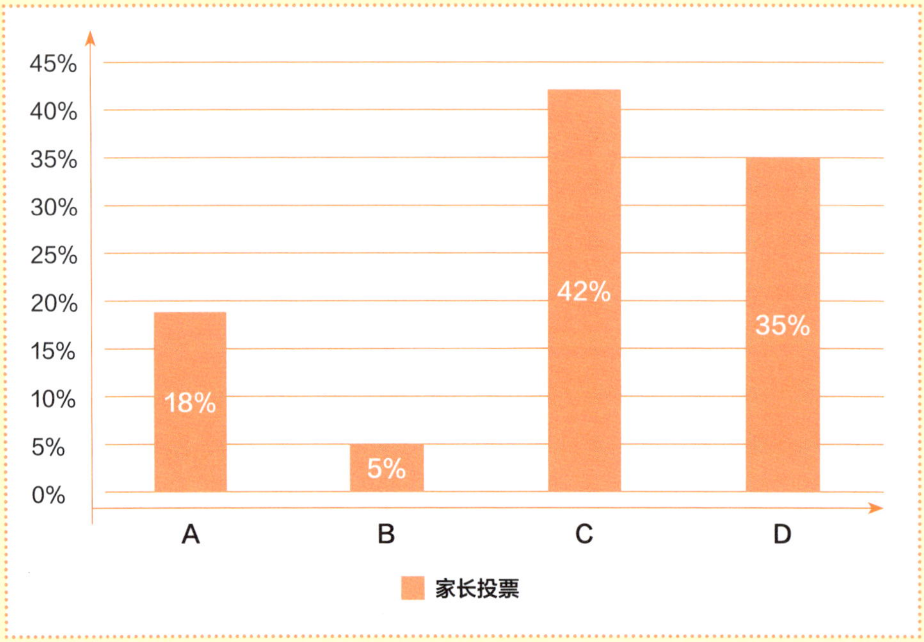

这几种状况虽然都让家长头疼，但得票最多的C选项——爱哭，可以说是最让家长头疼的。

童年经历决定了你怎么看待孩子哭泣

在生活中，有一件事情特别常见，那就是如果一个孩子哭泣，身边的人通常都是想办法制止，比如跟孩子说：

“不要哭，有什么好难过的。”

“这么一点小事情。”

“羞羞脸啦，都这么大了还哭。”

“给你买最想要的那个玩具，不哭了好吗？”

……

回想一下，当你还是一个孩子的时候，长辈是怎么对待哭泣的你呢？很神奇，跟你现在对待孩子哭泣的方式，其实是差不多的，那就是使用安抚、责备、转移注意力等各种方式，试图阻止哭泣的行为。

幼年的你哭泣，被长辈数落不坚强、不懂事、太脆弱，从来没人去探知你哭泣背后的原因。这样长大的孩子，其实是被切断了某些情绪感知力的。

在生活中，如果我们留心，会发现这样的细节：当孩子哭泣的时候，父母会感觉不知所措，甚至感觉羞耻，他们只想马上制止孩子的行为，而不是共情孩子的感受。

有次在公园看到一个小男孩摔倒了在哭泣，小男孩的爸爸立刻上前制止，说：“别哭了，像女孩子一样娇滴滴的，好丢人！”

一个人在为人父母之后，之所以不允许孩子哭，是因为自己小的时候，难过或者伤心时，也不被长辈允许哭，他的情绪没有被最亲的人看见过，也没有被允许过。所以，他觉得哭不是一件好的事情，他既不允许自己脆弱，也不能面对并接纳孩子的脆弱。

我的一位家长说，每次孩子在他面前哭，他的本能反应就是制止，制止了孩子哭泣，这个问题就算解决了。如果没办法制止孩子哭泣，他就会不知所措，想要逃避。因为真的不知道接下来要怎么办，也不知道要怎么处理这样的事情。

美国杰出的儿童心理学家丹·金德伦和麦克·汤普森在《男孩不该走的路》一书中指出：传统文化对男性的刻板观念，阻止了男孩承认本身的情绪，也妨碍了男孩的情感发展。这种错误的情感教育，使男孩们远离了健康的沟通、情感的认知及表达。当男孩的情绪无法通过哭来宣泄，必须学会其他方式应对，如打人、摔东西，或者将害怕的感觉隐藏起来、沉默以对。

其实不只是男孩，女孩同样如此。只是传统文化在面对哭泣这个情绪时，对男孩比对女孩更严苛，大家默认“男儿有泪不轻弹”。

这也就是为什么在这样的文化环境下长大的人，在成为父母后，没办法打开胸怀接受孩子哭泣。因为打开胸怀，便意味着打开自己的童年记忆，意味着想起自己内心那个哭泣的小孩，因为不愿意再回忆那种哭泣但从未被理解的痛苦。所以，当孩子哭泣时，父母的第一反应会是受不了，进而会想尽一切办法制止孩子哭泣的行为。

2

理解孩子用哭泣宣泄情绪

哭泣不过是情绪发泄的一种方式罢了，情绪本身并没有好坏之分，也不应该被评价，关键是父母在情绪产生之后如何做。

一个孩子遇到解决不了的事情，通过哭泣发泄情绪；到了一个新的环境，感觉不适想哭；因为疼痛，忍不住流眼泪；因为想要什么，说不清楚，就发脾气要哭……这些原本就是很正常的情绪反应。作为父母，要做的是理解和接纳孩子的感受，并且试图去解决孩子的感受，而不是去禁止。

哭泣跟笑一样，都是天然的、健康的，是不具破坏性地释放情感压力的过程。大部分家长接受不了自己的孩子哭泣，但是我从来没见过哪个家长抱怨说：“我的孩子太爱笑了，这该怎么办？”事实上，不让孩子哭，就像责备大自然今天不应该是晴天一样荒谬。父母能理解晴雨天是正常现象，却把哭泣看成是问题行为。

孩子哭泣时，你可以怎么做

通常情况下，在孩子哭泣时，大家会用到以下几种做法。

第一种是转移注意力，“快看，那是什么？”“你知道去哪儿可以买到艾莎公主裙吗?”

第二种是好言相劝，大人用或温柔或严厉的语气，给孩子讲一通道理:“你难过也没用，什么也改变不了，所以还是别哭了。”

第三种是威逼利诱，甚至责骂动粗，“我都这样做了，你还要怎么样？”“再哭我就不要你了，我会报警让警察把你抓走！”

以上方式都能让孩子停止哭泣，但是如前文所说，这样做，孩子就会缺乏对负面情绪的感知力。当有负面情绪时，孩子会感到无助，感到惊慌失措，甚至感觉到羞耻。当孩子逐渐长大，也很难对其他人的感受产生同理心。

心理学发现，人的情绪不是来自事件本身，而是来自对事件的认识和看法。比如，你认为孩子哭闹是不应该的，孩子一哭你就会特别生气；但如果你认为孩子哭闹只是因为他难过，他不知道该如何用另一种大人能明白的方式表达感受和想法。那你就会弯下腰去，抱抱孩子，和孩子一起寻找正确的表达和宣泄方式。

孩子哭泣有很多原因，父母能明白孩子在用哭闹的方式求助时，往往更容易找到根本原因以及解决办法。

当家长面对孩子哭泣时，先问问孩子发生了什么，然后蹲下来拥抱孩子，用温柔的目光注视他，静静地陪伴他、倾听他。在孩子冷静下来后，和孩子展开“头脑风暴”——下次有这种情绪的时候，怎么做？或者希望别人怎么做？

如果孩子不知道该怎么去面对哭泣，你可以和孩子分享自己的做法或想法。比如，孩子说：“我不知道要怎么办？”妈妈可以说：“当你感觉很难过的时候，是不是希望妈妈抱抱你？”“当你感觉难过的时候，是不是希望吃点美味的蛋糕？”“当你感觉难过的时候，要不要尝试一个人安静地待一会儿？”

作为父母，你一定会对自己的孩子有所期待。如果你希望二十年后的某一天，孩子推门来到你身边，自信、快乐、阳光、有情绪感知能力，而不是将所有的心事都压在心底、有什么事都不愿意跟你沟通。那么，你需要练习觉察和体会孩子的感受，当孩子有负面感受出现时，体会并接纳它。

因为谁也没办法阻止负面情绪的出现，那些被压抑的情绪，如果不通过哭泣等方式宣泄出来，最后都会藏在身体的某个角落，持续不断地影响着孩子的身体和心理健康。

每个人处理情绪的方式都不一样，没有标准答案。家长和孩子一起讨论，把可以帮助你或者孩子感觉好起来的办法写在卡片上。如果想到新的办法，可以不断丰富这些调控情绪的卡片。通过这种方式，孩子不仅能正确认识情绪，还可以慢慢学会如何正确表达开心、快乐、幸福等正面情绪，以及如何在陷入愤怒、伤心、难过等负面情绪时，用恰当的方式照顾自己，帮助自己的感觉好起来。这就是人们经常说的：和情绪共处。

倾听，
而不是急着给建议

不记得在哪里看过这么一句话："我们花了一年来学会说话，却要花费一辈子来学会闭嘴。"事实上，很多父母终其一生也没学会怎样倾听。

我记得念小学的时候，每天放学回家都会跟爸爸妈妈讲学校发生的事情，他们也很愿意听。等到念初中，我仍然会讲身边发生的事，却总被爸爸批评，爸爸说："一天到晚关注跟学习没关的事情，你有精力放在学习上才怪！""你回家可以跟我沟通一下课堂上不懂的问题。""你吃完饭去听听英语磁带吧，这对你自己好。""你可别小小年纪不学好，跟你班那个同学一样早恋，早恋的孩子就没一个有好结果的。"连续碰钉子后，我跟爸爸之间开始变得越来越没有话说。

孩子抱怨，有时候并不是想解决问题

小宇初中的时候开始住宿，有个周末他回家后跟妈妈抱怨：“妈妈，我们宿舍有个同学，每天晚上大家都睡着了，他还开着电脑，听音乐也不关外放，我都快要被烦死了。”

妈妈说：“这事你得赶紧告诉班主任还有宿管老师啊，这多影响睡眠，第二天的学习怎么办？”

小宇说：“这样不好吧，他知道了会生气的。”

妈妈又说：“那要不妈妈给你们老师打电话？”

小宇嘟囔一句：“这样跟我直接去找老师也没有区别。”

妈妈问：“其他同学受得了吗？”

小宇说：“应该也不喜欢吧，但是他们好像都能睡着。”

妈妈说：“别人都能睡就你不能睡？那你就将就一点吧，一个房间那么多人，总需要互相包容的。”

小宇说：“怎么包容啊，你没在那个环境不知道，你去睡一下就知道多难受了。”

妈妈说：“你这个孩子怎么这么跟妈妈说话呢，我不是在帮你想办法吗？也是你自己说睡不着的。”

小宇叹了口气，进自己房间之前，给妈妈扔下一句话：“好了，好了，当我没说，当我没说，行不？”

妈妈觉得太憋闷了，明明是孩子过来求助，她好心给建议，最后还落个抱怨。其实，这个妈妈和儿子之间的沟通方式，在生活中比比皆是。

我曾经在课堂上带领家长做了一个角色扮演。A扮演孩子，B扮演妈妈。

情景一

A：妈妈，我真的好讨厌我们老师，我今天快被她气死了。

B：不可以这么说老师，不礼貌。

A：可是她总是偏心，她只喜欢我们班某某某。

B：老师都喜欢听话、学习好的孩子，你要是像某某某那么优秀，老师也会喜欢你。

A：算了，不说了。

B：是啊，你说给我听又能怎样呢？我能让老师喜欢你啊？

情景二

A：妈妈，我真的好讨厌我们老师，我今天快被她气死了。

B：哦，发生什么事了？（温柔地看着孩子）

A：你不知道她有多偏心，她只喜欢我们班某某某。

B：这样啊。

A：是啊，今天我想上厕所，举手报告，她说上课不要这么多名堂，可是某某某举手说要上厕所，她就说快去快回。

B：然后呢？

A：我憋到了下课。

B：你一定很难受吧？

A：是啊，下了课我就往厕所跑，还好没多远。哎，下次课间再也不看书了，先上完厕所再回来看书。每次看了一会书想去厕所的时候，一抬头，就发现来不及了，快要上课了。

B：嗯，谢谢你跟妈妈分享在学校的事情。

两个情景扮演完后，我询问A的感受。A说，在第一轮角色扮演中，觉得很失望很憋屈，本来心情就不好，想跟妈妈倾诉一下，可是说了两句话后，心情更不好了。第二轮角色扮演中，当妈妈温柔地注视着A，并给予回应时，A觉得很幸福，因为能感觉到妈妈很在乎自己，很想知道在学校发生了什么事情。

其实很多时候，孩子在抱怨某件事情时，他只是心情不好，想找个人倾诉，而不是想要爸爸妈妈帮忙解决某个问题。

父母刚刚听完孩子说了一句话，就直接给建议，或者告诉孩子怎么做，其实是忽略了孩子的感受。看上去是想帮忙，让孩子心情好起来，但实际上帮了倒忙，孩子心情更加糟糕了。

因为，当父母给建议的时候，往往是站在自己的立场，而孩子有孩子的立场，父母往往觉得自己的建议是对的，孩子的做法是错的。没有一个孩子愿意在被指责错了的时候，去做得更好。

其实，当父母给建议的时候，是在替孩子解决问题，而发生在学校里的事情，是谁需要面对？是孩子。当家长给建议的时候，直接剥夺了孩子面对事情的权力。这就是很多家长总觉得自己吃力不讨好的原因。

2

倾听比给建议更能解决问题

有个妈妈跟我说起孩子报兴趣班的事情。她孩子刚上一年级，从小特别喜欢画画，于是半年前报了兴趣班。可是学习没多久，他跟妈妈说："妈妈，我不想去上画画课了。"听到这句话，他妈妈特别着急。

对妈妈来说，除了心疼报兴趣班的费用，更担心孩子以后做什么事情都不能坚持。她是怎么做的呢？和很多家长一样，她在听到孩子说不想上课的时候，就开始跟孩子讲道理，想要说服孩子。

"做事情不能半途而废，老师没有说过吗，要有恒心、有毅力。"

"你不是最喜欢画画了吗，当初也是你要学的呀，怎么突然就不喜欢了呢？"

"钱都交了，你最起码也要坚持上完这个学期吧。"

"你看人家某某，都学了三年了，怎么你就坚持不下去呢？"

……

孩子自然是越听越反感，最后哭了起来，跟妈妈说："反正我不想去了，要去你自己去。"

我在课堂上邀请这位妈妈来做角色扮演。第一轮扮演，我让她扮演孩子，并询问她听到妈妈说的那些话后是什么感受。

她说，很失望，因为妈妈还没听原因就告诉自己不可以，早知道是这个结果，还不如不说。

接下来，我扮演妈妈，仍然邀请她扮演孩子。

当“孩子”说：“妈妈，我不想去上这个画画课了”时，我用温柔而专注的眼神看着她，微笑着点头：“嗯，妈妈知道了，你愿意告诉我原因吗？”

当听到这句话，这个妈妈立刻说，现在舒坦了，想立刻讲自己不愿意上课的原因。

这就是倾听的神奇之处，当你用心倾听后，通常孩子就会开始表达自己的想法。当你理解了他的想法后，再和他一起讨论这件事，通常沟通就会顺畅很多。

所以当孩子与你的意见不同时，别急着否定他，更不要直接给孩子答案，因为孩子会有他自己的理由。

你去认真倾听，并询问孩子理由的时候，就是在引导孩子自己思考并面对问题。孩子是独立的个体，他有自己的思想和意志。如果父母没有管理好自己的语言和情绪，很容易就会包办，逼着孩子“听话”。

3 倾听是一种需要练习的技能

倾听其实是一种沟通的小技巧，和简单的听是完全不同的。

美国著名作家罗纳德·B·阿德勒和拉塞尔·F·普罗科特在《沟通的艺术》中写道：“很多人认为听与倾听是一回事，听是指声波传到我们的耳膜引起我们的耳膜震动，进而经过我们的听觉神经传送到我们的大脑的过程；而倾听是大脑将这些信号重构为原始声音的再现，再赋予其意义的过程。”

有效倾听的方法是：看着孩子（眼神温柔、专注），简短的语气助词回应（让孩子知道你在关注他，不要说教或者唠叨），体会孩子的感受，适当地启发式提问（还有呢？为什么？可以再多说一点吗？）。

如果你的孩子不爱跟你交流，不要理解成他生来就是一个不爱说话的孩子，回忆跟孩子相处的细节，你是不是用了一些无效倾听的方式来回应孩子。比如：打断孩子说话；否定孩子的感受，说教、唠叨、建议；拿他跟别人家的孩子比较；翻旧账……这些都是让孩子越来越不爱跟大人交流的原因。

试着使用有效倾听的小技巧，听听孩子怎么说、怎么想，再去试图解决问题吧。你会发现，当你去倾听的时候，很多问题就已经得到解决了。

孩子越被爱，内心越富足

美国心理学家艾瑞克·伯恩在《人生脚本》一书里提出，人会有以下三个自我状态。

第一个自我状态是父母。当处于父母的自我状态的时候，你会像父母当中的任何一方，去感受、思考、行动、说话、回应别人，通常扮演着良知的角色，也就是说你会发现你在用爸爸或者妈妈的方式来思考这个世界。

第二个自我状态是成人。非常客观理性的状态，有点像进入一种计算机模式。

第三种自我状态是孩子，也可以称之为内在小孩。每个人心里都有一个小男孩或者小女孩，会用小时候自己某个年龄段的状态去感受、去说话和做事情，而不是当下的你自己。

一个人怎样看待自己，会跟身边的人形成怎样的关系，在他6岁之前与父母和家人互动的过程中，就已经写进了人生脚本里。

1

孩子的人生脚本6岁以前就写好了

想象一个清晨，眼看着离上学的时间越来越接近，有个孩子睡眼惺忪地躺在床上没有起床。

一位妈妈的做法是抱怨孩子：天天晚上不睡觉，早上起不来，叫你几遍都不起，你要不要上学，迟不迟到随便你，反正不是我的事儿。

还有一位妈妈的做法是：你昨天睡得很晚，所以现在还很困，但是你还是挣扎着想要努力起来穿衣服去上学。如果你需要妈妈的帮助，可以随时喊我。

前面我已提到，孩子无时无刻不在思考着两个问题，然后做出决定：

我是谁？好的还是坏的？有能力的还是没有能力的？被爱的还是不被爱的？

我周围的环境是怎样的？安全的还是不安全的？友好还是不友好的？

思考过后，孩子做出一个决定，决定先确保安全后求生存，还是努力发展自己的技能。

通常第一个妈妈的做法，会让孩子感觉到自己不够好，对早起上学这件事情他是没有能力的，周围的人待他也不那么友好，妈妈也不爱他。因此，当他在一个感觉不被爱、不友好的环境里，他做出的决定就是自保。

第二个妈妈的做法，会让孩子感觉到妈妈是爱他的，自己也是有能力的，再通过一些努力就能做好自己的事情，因此要做得更好，无须担心“妈妈爱不爱我”这个事情。孩子有很笃定的答案，才能更勇敢地去探索，发展更多的能力。

重要的不是发生了什么事情，重要的是在这个事情里，孩子对自己和周围的环境形成了怎样的看法。

顺着这个思路往下看，假如孩子来到了学校，是感觉自己不被爱的孩子更容易和同学相处呢，还是那个感受到被爱的孩子，更容易感受到同学是欢迎他的，他是可以融入集体的呢?

答案显而易见。是的，感觉自己被爱的孩子，更容易从同学的行为当中感受到被爱和关心。因为，虽然相处的人发生了变化，但是孩子对自身的看法和对环境的看法却保留了下来。

这也就是为什么同样在马路上开车，有的人被超车了心情平静，继续开车；有的人马上变成“路怒症”患者，觉得对方是针对他。

你看待自己的眼光，就是自己和自己的关系，而你跟自己的关系，就是和全世界的关系。

超车本身没有对错，区别在于这两个不同的人早已写下的人生脚本。而作为家长的我们，希望在陪伴孩子的岁月里，给孩子谱写怎样的人生脚本呢?

2

在规则和爱里长大的孩子，行为会更好

孩子感受到自己是被爱的，这是他的人生底色；孩子能明白哪些事情可以做，哪些事情不能做，并且能为此做主，这是孩子一生的安全保护色。

爱孩子，是对孩子的尊重；共同遵守相应的规则，是对父母的尊重。缺少对孩子的尊重，孩子会感到压抑，不被理解甚至不被爱；同样，缺少对父母的尊重，父母内心的不满情绪也在不断积累，这就像一个地雷，随时会被一件微不足道的事情引爆。

“双减”政策推广后，中小学生的作业确实大大减量，但是实际上，还有很多孩子回到家里，需要完成各种校外兴趣班的打卡任务。

小小正值十二三岁长身体的年龄，每天晚上，把阅读、街舞、英语听读、编程等兴趣班的卡打完，都要到晚上11点之后。小小妈妈说：“每天到了下午，我想到她快要回家了，就很紧张。因为看着她拖拖拉拉完成各项任务，提醒她要快一点，别磨蹭，不然又要到半夜，孩子就马上生气；但如果不催她，允许她按自己的速度去完成任务，到了晚上10点、11点的时候，她就会开始焦躁，抱怨妈妈让自己学的东西太多，甚至一想到后面没完成的任务，还会哭。这个时候，我走过去无论说什么话，都是一场一触即发的争吵。真的太难了，提醒也不行，不提醒也不行，那到底要怎样呢？”

其实，妈妈可以把重视身体健康、早睡早起和高效地完成各项课外兴趣班的打卡任务，作为和孩子共同面对的问题。

小小和妈妈一起想了七八个方法，大部分都跟之前做作业的习惯没有变化，仅增加了两条：

1. 妈妈不再催促孩子；

2. 妈妈听到孩子抱怨时，来询问孩子需不需要妈妈的帮助。

令人意想不到的是，就在这样的讨论后，虽然小小晚上仍然要完成这些打卡任务，但是晚上家里的氛围却发生了很大的变化。孩子不再觉得妈妈管得太多而站在妈妈的对立面，也不会在压力大的时候感觉不到父母的支持。当她把精力都用在高效完成兴趣班的打卡任务上，而不是花费精力来跟妈妈对抗时，她反而能准时完成任务并准点上床睡觉了。

所以，规则和爱并不是矛盾的两面。当你在跟孩子一起制订规则的时候，要确保把爱的讯息传递给孩子，孩子在有限的自由里，更能清楚自己什么可以做，什么不能做，从而表现得更好。

最好的教育，
就是跟孩子好好说话

“我怎么生了你这样的孩子？”

“你没看到我很忙吗？”

“磨磨蹭蹭烦死了！”

“滚！”

……

在正面管教讲师培训课程上，有一个体验活动，2位志愿者扮演孩子，8位志愿者扮演妈妈。

8位志愿者妈妈每个人想一句自己生活中说过，或者听到别人对孩子说过的最狠的话。接下来，扮演妈妈的志愿者站在摆成一个圆圈的椅子上，面朝圆圈外，扮演孩子的志愿者则面对着扮演妈妈的志愿者站在椅子跟前。

站在椅子上的志愿者妈妈，要把刚才自己想到的话，用最狠最无情的口吻说给面前的扮演孩子的志愿者听，越逼真越好。而扮演孩子的两个志愿者要做的是，围着圆圈走，在每一个扮演妈妈的志愿者面前停留一下，听这个志愿者把这句话说给自己听，并站在孩子的角度，体会自己听到这些话时的感受。

我不是第一次坐在下面观察，但每次都有同样的感觉：天啊，这些斥责声怎么如此的熟悉？当扮演孩子的志愿者走完一圈，听完8位志愿者妈妈说的8句话之后，不但扮演孩子的志愿者泣不成声，在下面观察的其他家长也开始啜泣、抹泪。原来，当你在生活中把这些话脱口而出时，孩子的感觉是这么的糟糕啊！

所有的伤害，过后都有印痕

正面管教里有一个小活动，叫“我是查理”。

带领活动的讲师准备一张白纸，在白纸上画一个小男孩，他的名字叫作“查理”。讲师要求下面的学员，每一个人以爸爸或者妈妈的身份，对这个叫查理的小孩说一句伤害他的话。

“查理，你怎么这么笨！”

“我一点也不喜欢你。”

“你真叫我失望。”

……

每个学员说完，讲师就会把画着查理的那张纸揉一下，直到最后变成了握在手里的一个纸团。

接下来，讲师要求下面的学员，每一个人以爸爸或者妈妈的身份，对这个叫查理的小孩说一句鼓励他的话。

“查理，我看到你最近学习很认真。”

“谢谢你今天帮妈妈摆餐桌。”

“你笑起来真好看。”

“爸爸妈妈相信你。”

……

当学员们说出这些话时，讲师慢慢地将纸团舒展开，直到纸团完全被舒展为之前的大小。

然而，即使纸张完全舒展，上面的印痕却仍然在那里，怎么都抚不平，回不到最初的模样了。

暴力攻击性的语言带给孩子心理的伤害，就像那张充满褶皱的纸，即使能做一些弥补，但终究有伤痕。

2

跟孩子好好说话，尤其是他表现得不可爱时

父母很自然地会爱一个乖巧的孩子，一个表现好的孩子，却很难去接受一个表现糟糕的孩子。然而，当孩子表现糟糕的时候，恰好是他最需要爱的时候。

孩子打碎了盘子，通常父母会这样说：“你总是这么毛手毛脚，能不能拜托你下次小心一点？”

然而孩子想听到的是爸爸妈妈对他说：“有没有弄伤自己？”

父母在指责孩子的时候，心里想的是教会孩子下次该怎么做，想教会他习得一项又一项人生技能。却忘了一件特别重要的事情，那就是对孩子来说，只有当父母先把爱传达给他后，才能顺利解决问题。

因为孩子依赖父母的爱而生存，他时时刻刻想确认的事情，就是父母仍然爱他，尤其是在他犯错误的时候。

我相信每一个指责孩子的父母，都是深爱孩子的。但是遗憾的是，孩子几乎不可能从父母的指责中读懂父母深切的爱。他只会感觉到：我在爸爸妈妈心目中一点也不重要，还不如一个盘子重要。

更遗憾的是，一件糟糕的事情发生后，如果父母不抱怨指责，孩子有很大概率会从这件事情的自然后果中习得经验。而父母一旦抱怨指责，孩子的能量反而都用来对抗父母而不是习得经验了。

第三章

和孩子一起制订目标，让学习变成快乐的事

不贴标签，让孩子具备成长型思维

这个孩子挺聪明，就是学习不努力；

这么难的数学题竟然考了满分，他确实是有天赋；

这么简单的题都不会，真的是笨；

……

从小到大，每个人都被贴上过各种各样的标签，也给别人贴过无数个标签。用贴标签来判断评价一个人，太容易了。任何时候，当父母想偷懒，都可以不假思索地给孩子贴上标签；同时，贴标签还可以为父母纠正不了孩子的行为找个借口。如果取得了成功，是家长会引导；但如果事情发展得并不那么顺利，家长会认为，这件事情没做好，他就是一个不聪明、没天赋的孩子了。

1 一个关于贴标签的著名实验

美国著名发展心理学家卡罗尔·德韦克做过一个智力拼图实验。

在实验中，研究人员单独给每个孩子进行一轮智商测试，测试题目是非常简单的智力拼图。完成测试后，研究人员把孩子随机分成两组。第一组孩子，研究人员对他们说："你刚才非常努力，所以表现得很出色。"对另外一组孩子说的是："你在拼图方面很有天分，你很聪明。"

随后，孩子们参加第二轮拼图测试。有两种不同难度的测试可选，一种较难，另一种难度跟上一轮类似，孩子们可以自由选择。

结果发现，那些在第一轮中被肯定很努力的孩子，有90%选择了难度较大的任务。而那些被表扬聪明的孩子，则大部分选择了简单的任务。

接下来又进行了第三轮测试。这一次，所有孩子参加同一难度的测试，没有选择。这次测试很难，孩子们都失败了。

这两组孩子对失败的反应差别巨大。那些先前被肯定很努力的孩子，认为再多练习几次，他们会做得更好。而那些被贴了"聪明标签"的孩子认为，失败是因为他们不够聪明，没这方面的天赋。

接下来，研究人员给孩子们做了第四轮测试，这次的题目和第一轮一样简单。那些被肯定很努力的孩子，测试分数比第一次提高了30%左右；而那些被贴了"聪明标签"的孩子，这次的得分和第一次相比，却退步了大约20%。

2

贴标签让孩子思维固定，关注努力可培养孩子成长型思维

从这个实验中可以看出，当父母跟孩子强调天赋，孩子就会认为能力不可改变，从而逐渐形成固定型思维模式，早早放弃努力；如果父母跟孩子强调努力，孩子就会认为能力是可以提高的，从而逐渐形成成长型思维模式，尽最大的努力去学习，获得成长。

“你真聪明，你真有拼图的天赋”，这些都是固定结果和判断。这种评判的结果进入了孩子大脑，刺激大脑分泌多巴胺，孩子觉得很开心，那么他以后就会不断地去追求这样的感受。孩子在做任何一件事情时，关注的是怎么才能体现自己的天赋，怎么才能和别人不一样，从而失去了成长型的心态。一旦孩子只是对结果感兴趣，为了达到结果不择手段，耍小聪明的事情就会频频发生。

一位家长很苦恼，说孩子很聪明，就是学习不努力，最近还特别虚荣，期末考试只考了70多分，但是他竟然胆大包天把试卷上的“7”改成“9”。

我问她：“听起来好像是孩子因为不敢面对70分的成绩，虚荣或者说作假，但你有没有思考过，是怎样的压力让孩子做出改分数这样的行为呢？或者说，当他改分数的时候，孩子在想，如果把70分试卷带回家，他将要面临什么呢？”

这位家长愣住了，她说在此之前，自己从没有过这样的思考。

沉默了一会，这位家长继续说话了：“如果换作是我，不敢把试卷给父母看，一定是因为没考好，怕父母惩罚我。可是我从来没有因为孩子成绩不好而批评他，而且每次考好了我还会肯定他很聪明，计算能力很强之类的。”

问题就出在这儿，当妈妈把孩子的成绩都归功于聪明时，妈妈和孩子就都陷入了固定型的思维陷阱，孩子听到这句话后会想：“我能考好，是因为我很聪明。”那言下之意，如果我没考好，那就是我不聪明了。几乎没有孩子愿意承认自己不聪明，所以，孩子在拿到70分的试卷时，要去改分数给妈妈看，也就不足为怪了。

那如何避免这样的情况发生呢？当孩子每完成一件事，或者拿回一张试卷的时候，父母要去关注孩子努力的细节。比如跟孩子说：“你得了一百分，这是你这个学期努力学习、认真复习的结果。”当孩子在面对困难，意识到只是自己付出的努力够或者不够时，孩子更能够将关注点集中在“考试本身”，而非“我是一个怎样的人”。

3

培养孩子的成长型思维

有一位妈妈跟我说了一件让她抓狂的事情。

晚上孩子写完作业之后，她给孩子检查，结果发现前一天做错的题，昨晚复习的时候已经让孩子抄写了5遍来巩固，结果今天他又写错了。

这位妈妈很生气地说：“如果我昨天没亲自教过他，陪他练习，那还好，我才教完他，转脸就忘记了，火气瞬间就上来了。”她跟孩子说：“昨天你写字的时候用心了吗，还是你刚刚脑子想什么去了？就是不愿意动脑筋。你不愿意动脑筋，你的成绩根本就不可能提上去。”

是的，通常这种情况下，父母都忍不住责备孩子。责备孩子是因为今天错了一道题吗？不是，昨天错了也没有挨批评。责备孩子是因为父母脑海里闪现出来的某些想法，这些想法让父母动怒、生气。

“你不愿意动脑筋！”“你写字的时候不用心！”这些是孩子的行为吗？不是，是父母对孩子的评价。

父母经常说看见孩子做了某些事，但评价不是“看见”，看见是像一个扫描仪一样客观地去观察，不带头脑里的任何主观判断。

你可能会反驳：“昨天明明复习过了，那今天又错，不是不用心，那是什么？”父母没法看见一个孩子用不用心，只能看到孩子错了一道题。错了一道题是事实，而孩子不用心，是家长对孩子的评价，不是客观事实。

当父母不去看孩子，而是用自己的标准来做出判断时，这样的表达方式，就是在给孩子贴标签，在强化孩子的行为。

当你评价孩子或者给孩子贴标签时，心里的愿望是让孩子意识到自己的错误，好好反思，认真改错，下次不能再犯同样的错误了。遗憾的是，孩子的想法可能会与你的初衷“背道而驰”。

当你给孩子贴标签，说孩子“笨”“马虎”的时候，孩子形成的意念是：是的，我就是一个这样的人。

如果你希望孩子保持某一个不好的行为，就持续用这样的方式提醒他，他保证会不出任何差错地坚持下来。比如一个懒惰的孩子、一个挑食的孩子、一个笨孩子……这是因为，当你用贴标签的方式教育孩子的时候，不知不觉间，孩子就认可了这个标签。

所以，父母应该练习关注当下，此时此刻，正在发生什么事情，你看到了什么，把这一部分描述出来就好。

当孩子作业没写好时，家长看到的是：昨天的作业错了五道题，对了五道题。

当孩子更正完了错题时，家长看到的是：通过练习，把这些错误全部改过来了，通过练习，掌握了这些题的答题技巧。

这个时候，你觉得孩子会怎么想呢？

他会觉得：题目做对或者做错，跟自己是不是聪明或者笨没有关系，而是跟自己的努力程度相关。

通过努力和练习，他能够克服学习上的挑战，感受到学习带来的成就感，体会到学习本身的愉悦。

相信人的能力是可以通过后天的努力获取的，这就是成长型思维的人的最大特征。作为家长，你需要一遍又一遍地通过练习“看见孩子”的能力，学会区分想法和事实，将事情客观地描述给孩子听，你的孩子才更容易具备成长型思维。

Tips

负面标签对孩子影响不好，那正面标签是不是激励孩子越来越好？

有的爸爸妈妈说：“我平常总给孩子贴正面标签，比如听话、懂事、勤快、大方等，我的孩子也确实就变成了这样的人。这又有什么不好呢？”这确实不好。

首先，当你习惯了去评价孩子，而不是去看见他的行为的时候，你根本没办法确保在孩子有正面表现的时候评价他，负面表现的时候及时闭上嘴。

其次，无论是正面的评价还是负面的评价，都会影响孩子做自己。孩子基于认知程度的受限，听到外界的评价，他往往会做出两个决定：我要成为这样的人，或者我坚决不成为这样的人。这都离父母期待孩子能够做自己的目标越来越远。

所以，替代贴标签的方式是用“我看到……”这样的句式来描述客观事实；或者用“你通过怎样的努力，达到了怎样的结果”这样的句式，来总结孩子的行为。

目标明确，帮孩子找准奋斗的方向

课堂上有一位家长，是一名商业精英，她用管理员工的方式来管理孩子，给孩子制订了一份具体到分钟的计划表。

孩子小的时候，在她的监督下，这些计划都执行得特别好。但是随着孩子年龄增长，她遇到的阻力越来越大。孩子念小学五年级时，为了抗拒妈妈的计划，直接拒绝去学校。这个结果是她没有想到的。

很多父母都喜欢给孩子做计划表，具体到每天学多久英语、学多久数学、运动多久等，但是结果常常是计划得井井有条，却执行不了多久就作废了。

其实不是因为学习目标定得不够好，也不是因为孩子不够自觉，最大的问题可能是这些学习目标不是孩子自己的意愿，而是父母的意愿。所以除非施加外力，否则孩子就不可能会主动去完成。而施加外力很可能还会遇到来自孩子方面的阻力，导致亲子关系恶化。

目标明确的人更容易成功

哈佛大学做过一项调查发现：27%的人没有目标；60%的人目标模糊；10%的人有清晰但比较短期的目标；3%的人有清晰且长期的目标，并能把目标写下来，经常对照检查。

通过25年的跟踪研究发现：有清晰且长期目标的人，25年来几乎不曾更改过自己的人生目标，朝着同一方向不懈努力。25年后几乎都成了社会各界的成功人士，他们中不乏行业领袖、社会精英。

占10%的，有清晰但比较短期目标的人，大都生活在社会中上层。他们的共同特点是，那些短期目标不断被达成，生活状态稳步上升，成为各行各业不可缺少的专业人士，如医生、律师、工程师等。

占60%的，目标模糊的人，几乎都生活在社会的中下层。他们能安稳地生活与工作，但都没有什么特别的成绩。

而27%没有目标的人群，他们几乎都生活在社会的最底层。他们的生活过得不如意，常常失业，靠社会救济，并且经常都在抱怨他人，抱怨社会，抱怨世界。

很显然，对一个孩子来说，目标是特别重要的，所以父母会经常给孩子设定目标。

2 孩子需要按自己的意愿制订目标

苏格兰史学家与哲学家托马斯·卡莱尔说："人若没有目标，就像船少了舵。"

但是，你可能不知道，目标制订后，能不能被孩子执行，最重要的原因是，这个目标是不是孩子自己制订的。《正面管教》一书的作者简·尼尔森博士说："孩子更愿意执行他们按自己意愿决定的事情。"

如果目标是孩子自己制订的，他会有意愿去努力，并修正自己的行为。而那些爸爸妈妈制订出来的目标，在孩子的理解中，是用来管制和约束他们的。

看过电视剧《小欢喜》的家长应该还记得，里面有个叫英子的女孩，学习成绩很优秀，也有自己的兴趣爱好。她喜欢天文，给自己定的目标是考南京大学的航空航天专业，长大当个天文学家。可是英子的妈妈给她安排了自己认为特别重要的目标，考上清华大学，留在北京。

当妈妈安排的目标和英子的目标发生冲突时，过于强势的妈妈让英子迷失了，她的人生目标究竟应该是什么？她努力的意义到底是什么？她无力反抗妈妈定的目标，却又无力说服自己放弃自己的目标。最后，她患上了抑郁症。

其实像英子这样的情况在很多家庭中都有，只是孩子的表现没有英子这么极端罢了。

3 引导孩子制订可有效执行的目标

你可能会说，给孩子制订了目标也没用，他根本就不行动，不管这个目标是爸妈制订的还是孩子自己制订的，最后都只是喊喊口号。其实不是定目标没有用，而是家长需要看到，目标只是一个想法，从想法到行动，孩子需要家长的帮助。

那究竟该怎么帮孩子制订行之有效的目标，并且让这个目标成为孩子的驱动力呢？举个我女儿练钢琴的例子。

我女儿在小升初的时候，学习任务越来越紧张，可是她仍然想在暑假的时候，完成钢琴的十级考试，并制订了学习目标。

然而，开学一个多月的时候，她需要演奏的练习曲还完全没开始练习。她陷入了深深的沮丧当中："妈妈，我今天不想去上钢琴课了，我一点都没练。"

但这个时候如果我跟她说："要么就停下来，等以后有空的时间再考级。"孩子肯定也不会同意。于是就会出现制订了目标，但是却没执行的局面。

我女儿的钢琴老师看出了她的沮丧和纠结。在上课的时候，她对我女儿说："这个练习曲有8页，去掉重复的部分，也就只有50行，你看现在离放假还有3个多月的时间，我们每天花10分钟练一行，你觉得怎么样？"

事后女儿跟我说：“老师跟我讲完，我一下子就有信心了。之前只要一想到练琴，脑海里就出现密密麻麻的琴谱，感觉好难，但是当听到老师说每天只需要花10分钟，就可以在期末前把整首练习曲弹好，我就觉得好简单。”

从那以后，我女儿每天都会抽出10分钟的时间来练习一行曲谱。

在生活中会经常遇到制订计划后，没办法往前推进的情形。不是因为行动力不够，而是因为制订的目标太大，一时不知道从哪里下手。

如果父母能够把一个大的目标，拆分成无数个细小的目标，清晰具体，每天都能够行动，结果就会不一样。就像我女儿每天练习一行曲谱后，她会觉得很自信、很有成就感，因为完成了当天的目标。

这就是父母可以给予孩子的帮助，而不是干涉。

在细分目标的过程中，父母需要做到：

1. 意识到设定目标是很容易的，但是达成目标时，孩子需要家长的帮助；

2. 帮助孩子将看起来不知道从哪里下手的长期目标，拆解成一个个可以实现的短期目标；

3. 如果孩子仍然没有开始行动，就停下来查看短期目标是否可以再细分；

4. 陪孩子练习，接纳孩子出现暂停的现象，理解孩子。

这样孩子不但能够明白自己的目标是什么，还能很清晰地知道在指定的时间里，自己做一些什么事情可以达成这个目标。

Tips

在制订目标的时候，如果孩子要求达到目标给奖励，怎么办？

很多父母说，跟孩子一起制订目标的过程中，孩子经常会问："那我达成目标了你奖励我什么呢？"如果奖励没兑现，孩子的计划就不了了之，怎么办？

这其实是一个引导孩子看到自己是为了什么而努力的问题，是为了目标本身还是为了奖品。所以我并不提倡给孩子奖励，因为奖励会带走孩子的内驱力，以及努力本身的成就感。

但是奖励并非洪水猛兽，父母可以跟孩子讨论：此次努力的目标是什么，想要的奖励是什么。如果是为了想要奖励而付出努力，可以告诉孩子，不需要通过努力，你想要的这个奖品，放进家庭购物计划就行了。

找对方法，让孩子觉得学习是件快乐的事

几年前，我作为湖南卫视一档教育节目内容支持专家团成员，随导演组走访了一个家庭。这家的孩子8岁，念小学三年级，我们走访的那一个多小时，妈妈一直在跟孩子强调学习很苦，她说："吃得苦中苦，方为人上人""你现在吃苦学习，是为了将来甜""学习哪有快乐可言呢？每一个学习好的人都在你不知道的地方吃了无数的苦"……

那时候，我真的特别想跟这个妈妈说——学习其实可以不苦，作为父母，对孩子学习最大的帮助就是让孩子感觉到学习的甜。只有感受到学习过程很甜、很快乐，孩子才会有持续学习的内在动力。

1 让孩子觉得学习不是苦差事

有特别多的父母跟上文的那个妈妈一样，他们是真的认为，学习是一件很累很辛苦的事情。

因为他们面对的日常就是：孩子学习提不起劲，成绩靠后，父母报各种补习班，催孩子，逼孩子，别说孩子苦了，父母都苦不堪言。各种措施用尽，孩子成绩没一点长进，亲子之间的裂痕却增长不少。

我坚定地认为，只要方法用对了，学习的过程是很甜很快乐的。比如孩子在打游戏的过程中，他需要学习的东西也很多，了解各种道具的使用方法，跟别人合理地配合等，但是孩子就是能沉迷其中，茶饭不思。

那些学习特别好的孩子，学习起来就跟打游戏一样，体会到的不是辛苦，而是无穷无尽的乐趣。

我朋友的孩子7岁多，热衷于研究一些奥数题。有一次聚餐，别的小朋友都在打闹玩耍，他拿着手机在全神贯注地看，我开始以为他在玩游戏，凑过去一看，他在看一个拆解数字的视频。我问他："这是妈妈安排的学习任务吗？"他说："不是的，是我让妈妈给我买的奥数课，这个超有趣，我喜欢看。"你看，就有一些孩子，自己就乐意学习，不让学他还不高兴。

2 让孩子获得心流体验

世界知名的领导力变革专家诺埃尔·蒂奇提出过一个舒适圈理论。

第一层舒适区：没有学习难度的知识或者习以为常的事务，自己可以处于舒适心理状态。

第二层学习区：对自己来说有一定挑战，因而感到不适，但是不至于太难受。学习具有挑战的知识或事务，学习区渐渐会变为舒适区。

第三层恐慌区：超出自己能力范围太多的事务或知识，心理感觉会严重不适，可能导致崩溃以致放弃学习。

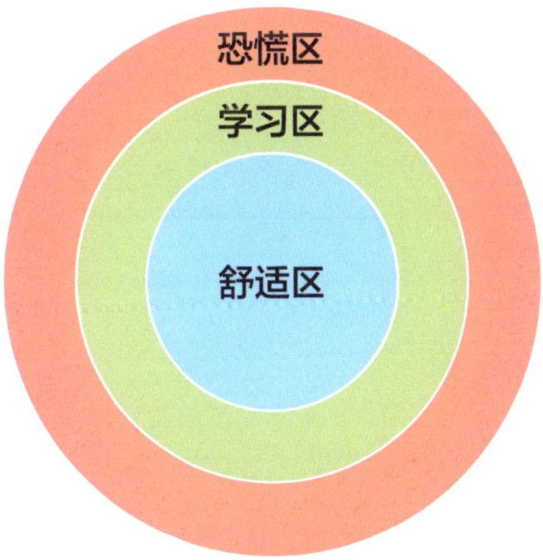

在舒适区，孩子对学习得心应手，但是学到的东西很少，进步缓慢。在学习区，出现了部分孩子很少接触甚至未曾涉足的领域。在这里他可以接受挑战，获得新知，进步快速。恐慌区，顾名思义，在这个区域中，孩子会感到忧虑、恐惧、不堪重负。

大量的研究案例证明，当一个孩子在学习区的时候，他最容易获得心流体验。

心流理论的提出者叫米哈里·契克森米哈赖，是积极心理学奠基人之一。他指出，心流是一个人完全沉浸在某种活动当中，无视其他事物存在的状态。这种体验本身会带来莫大的喜悦，使人愿意付出巨大的代价。

孩子如果能够一直处在学习区，他就更容易在学习上获得心流体验，从而有源源不断的学习动力。

经常有新闻报道，4岁神童能流利说英语，熟练掌握3000个单词；5岁男孩博览群书，熟读四大名著……看到新闻你感觉很焦虑，担心自己的孩子如果再不努力，恐怕会输在起跑线上。于是，你逼着自己的孩子也去达成新闻报道里面那些孩子的目标，比如让你6岁的孩子一个月里学会流利的英语对话，那你的孩子一定不会处在学习区，他会在恐慌区直接崩溃。

但如果你6岁的孩子已经在你的陪伴下，读过上百册英文绘本，唱过上百首英文儿歌，看过无数英文小视频以及英语原声的动画片。你再尝试让孩子练习一小段英文演讲，对孩子来说，他就是在一个学习区。

所以在给孩子选择学习内容或者制订学习计划的时候，一定要考虑“舒适圈理论”。难度不能太低，太低孩子会觉得兴趣索然；难度也不能太高，太高会挫伤孩子的学习积极性。

那什么样的挑战是合适的呢？研究表明，当孩子学习的内容中，已经学过的知识占85%，未学过的知识占15%时，孩子会感觉到挑战，但是仍然能胜任，这时候他们最容易获得心流体验。

3

找到孩子的兴趣和能力优势

一位家长的女儿8岁，提起学习就没精打采。为了让孩子爱上学习，妈妈尝试了很多办法，比如承诺孩子，每天阅读30分钟，坚持一个学期就奖励她暑假去迪士尼；双减后，学校不再布置家庭作业，孩子放学后，妈妈便放下手中所有的工作，用心督促孩子写自己布置的作业。但孩子不但没有养成更好的学习习惯，反而更抗拒学习了。妈妈也就放弃了，并说服自己接纳了孩子不爱学习这件事。

有一天，她突然发现孩子作业里，很多字写得特别有力量感，像是成年人练了很久之后写出来的，她忍不住夸奖了孩子。她发现，当她夸孩子的时候，孩子眼睛里有亮闪闪的光。孩子告诉她，自己特别喜欢写字，经常写着写着就入迷了。

于是，这位妈妈不再纠结学习这件事，而是给孩子买了教写字的视频课程，买了练习用的笔、字帖、纸张等。孩子写作业时，她也不再点评对错，而是把关注点放在孩子的字又有什么进步上。就是这个小小的变化，她跟孩子之间的关系竟然越来越好，孩子开始主动跟她沟通更有效的学习方法，同时把这些方法运用到自己的学习中去。接下来，神奇的变化发生了，孩子每天放学回家，除了主动练字，还会主动复习当天所学的功课，并预习第二天要学的内容。而这些都是妈妈以往要求孩子，但是孩子不会做的。原因是妈妈引导孩子找到了自己的兴趣和优势能力，孩子觉得自己是有价值的，也是有能力的，自然愿意做得更好了。

那怎么帮助孩子找到自己的兴趣和优势能力呢？

第一，给孩子自主选择兴趣和试错的权利。

第二，确定兴趣后，给孩子足够的支持。

父母找到孩子的兴趣，并给予支持，会让孩子感觉自己跟父母在同一条船上，在往同一个方向努力。

如日本作家岸见一郎在《不管教的勇气》中所说：“我们只有与孩子建立了良好关系，才能在孩子需要帮助的时候给予孩子有效的指导。”

Tips

孩子在一个领域获得的自信，可以延伸到其他领域

孩子时刻都会根据周围正在发生的事情，来判断自己是一个怎样的人。当他持续在某一个技能上遭受挫败的时候，可能也同样多次在心里评价自己是一个能力不够的孩子。但是与之相反，当孩子突破了某一个技能，取得了进步的时候，他对自己的看法也会随之发生变化。

所以，找到孩子感兴趣的某一个技能，不断地鼓励孩子去获得这种成功的体验。这种“我能行”的信心将陪伴着孩子，在他面对其他领域时也同样有效。

掌握技巧，避免孩子低效勤奋

小时候，我上课很少做笔记，但听课很入神，课后再回忆课堂上老师讲的，把一些重点写在本子上，这是我自己琢磨出来的学习方法。

我的学习成绩一直都不错，然而，我妈经常跟我说一句话："你学习喜欢偷懒，这点不好，你不会没关系，但是你态度得端正。如果你能跟某某家的小孩一样，你的成绩肯定会更好。"

母亲口中的某某家的小孩，学习成绩不是很拔尖，但是胜在勤奋，上课的时候奋笔疾书，课后不断做题，密密麻麻的笔记和厚厚的练习册，都是她态度端正的最好证明。所以，我把端正的学习态度理解为，把很多的时间花在学习上，不管有没有效果。

在养育孩子后，看过很多高考状元分享学习方法，我才知道"你不会没关系，但是你学习态度得端正"这句话传递给孩子的信息是：你努力就可以，有没有效果并不重要。

但是谁努力不是希望有好的效果呢？

对一个孩子来说，允许不会，只强调态度，是家长自己想得到的自我安慰。找到方法，让孩子的学习更高效，才是孩子想要的。

分享一些我在工作中，以及我在养育女儿这些年间，用得最多且最有效的方法。

学习金字塔

美国教育学家爱德加·戴尔提出了“学习金字塔”理论。该理论用数字形式形象地显示了采用不同的学习方式，学习者在两周以后的平均学习保持率。

第一种学习方式是听讲，老师在上面说，学生在下面听，有时还记笔记。这种最常用的方式，效果却是最低的，两周以后学习内容在孩子脑海里只留下**5%**。

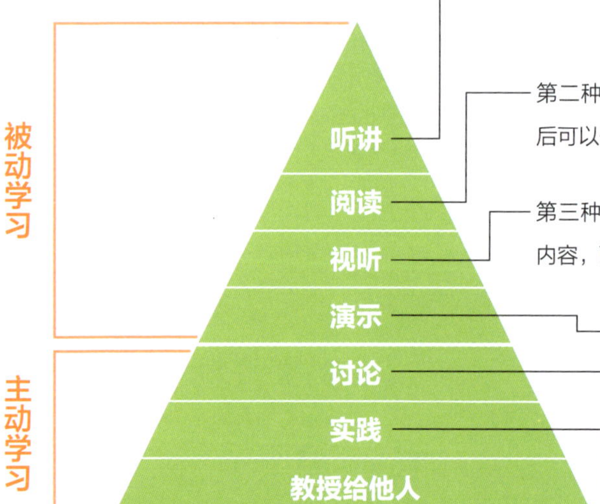

第二种，通过阅读方式学到的内容，两周后可以保留**10%**。

第三种，用声音、图片等视听方式学到的内容，两周后可以保留**20%**。

第四种，采用演示、示范的学习方式，两周后可以保留**30%**。

第五种，通过和人讨论，两周后可以保留**50%**的内容。

第六种，在做中学或通过实际演练，两周后可以保留下来的内容达到**75%**。

第七种，也是最后一种，是在金字塔基座位置的学习方式，是教别人或者马上应用，可以保留**90%**的学习内容。

从图片上我们可以看到，学习效果在30%以下的几种传统方式，都是个人学习或被动学习；而学习效果在50%以上的，都是团队学习、主动学习和参与式学习。

我在成为一名正面管教讲师之前，听过无数次其他讲师上课。但是，一直到我真的迈出去第一步，开始站在教室里成为讲课的那个人，那些听过很多遍的内容，才真真正正成为自己的知识。

所以，良好的学习并不一定是把课文背多少遍，把单词抄写多少次，而是引导孩子用交流、输出的方式，把学过的知识内化成自己的，再教给家长或同学。这样的学习效率，才是最高的。

2 艾宾浩斯记忆法

很多孩子学习很努力，但是学完就忘。

拥有照相机记忆的是天才，但是普通人只要找对方法，一样可以把所学的东西记得牢固，因为遗忘其实是有规律可循的。

首次提出遗忘规律的人是德国心理学家艾宾浩斯，他做了一个著名的实验：他选用了一些根本没有意义的音节，也就是那些不能拼出单词的众多字母的组合，比如ejidju、mcueyf、jriniec、odyeyktn等。他经过对自己的测试，得到了一些数据。

时间间隔	记忆保持百分比
刚刚记忆完毕	100%
20分钟后	58.2%
1小时后	44.2%
8~9小时后	35.8%
1天后	33.7%
2天后	27.8%
6天后	25.4%
1个月后	21.1%

根据数据，他描绘出了一条曲线，这就是非常有名的揭示遗忘规律的曲线。

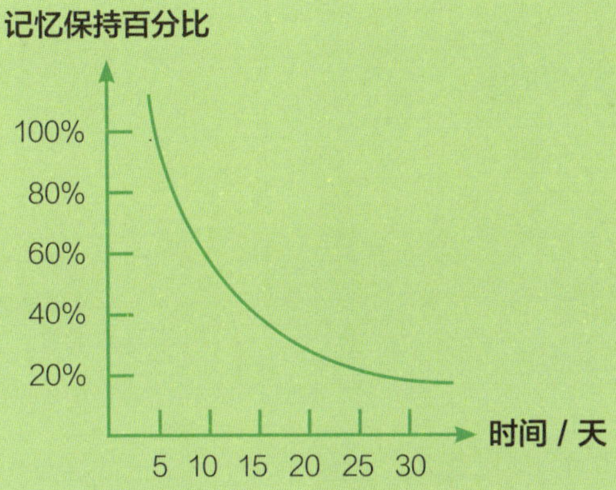

图中竖轴表示学习中记忆保持百分比，横轴表示时间（天数），曲线表示记忆保持百分比变化的规律。

遗忘规律曲线图

从这条曲线可以看到，孩子在学习中，遗忘是有规律的，遗忘的进程并不是匀速的，不是固定一天忘记一些、隔天又忘记一些，而是在记忆刚刚结束的最初一段时间内，遗忘的速度最快，之后就渐渐变慢了，到了相当长的时间后，几乎就不再遗忘了。

如果一个孩子接收到的信息是100%的话，如果不抓紧复习，正常记忆基本上要消除其中的75%~80%，只剩下20%~25%。

我的课堂上有位家长，儿子是个小学霸，上小学四年级，背诵很多古诗文都是信手拈来，记得非常牢固。其实他花在背诵古诗文上的时间并不多，但是每次背诵了新的古诗文之后，都会按照艾宾浩斯记忆法，在第2天、第3天、第5天、第8天、第16天以及第30天的时候去复习第1天背的那首古诗。

这种记忆法，有一个复习计划表，家长们可以把这个表格打印出来，运用到孩子的学习中去。如果孩子在学习过程中，能够按照遗忘规律，把一些重要的信息在合适的时间点刻意重复，那么，遗忘就变得没那么容易，“知识留存率”就会提高。

艾宾浩斯记忆曲线复习计划表

序号	学习日期	学习内容	短期记忆复习周期			长期记忆复习周期（复习后打钩）							
			5分钟	30分钟	12小时	1天	2天	4天	7天	15天	1个月	3个月	6个月
1			1	1	1	–	–	–	–	–	–	–	–
2			2	2	2	1	–	–	–	–	–	–	–
3			3	3	3	2	1	–	–	–	–	–	–
4			4	4	4	3	2	–	–	–	–	–	–
5			5	5	5	4	3	1	–	–	–	–	–
6			6	6	6	5	4	2	–	–	–	–	–
7			7	7	7	6	5	3	–	–	–	–	–
8			8	8	8	7	6	4	1	–	–	–	–
9			9	9	9	8	7	5	2	–	–	–	–
10			10	10	10	9	8	6	3	–	–	–	–
11			11	11	11	10	9	7	4	–	–	–	–
12			12	12	12	11	10	8	5	–	–	–	–
13			13	13	13	12	11	9	6	–	–	–	–
14			14	14	14	13	12	10	7	–	–	–	–
15			15	15	15	14	13	11	8	–	–	–	–
16			16	16	16	15	14	12	9	1	–	–	–
17			17	17	17	16	15	13	10	2	–	–	–
18			18	18	18	17	16	14	11	3	–	–	–
19			19	19	19	18	17	15	12	4	–	–	–
20			20	20	20	19	18	16	13	5	–	–	–
21			21	21	21	20	19	17	14	6	–	–	–
22			22	22	22	21	20	18	15	7	–	–	–
23			23	23	23	22	21	19	16	8	–	–	–
24			24	24	24	23	22	20	17	9	–	–	–
25			25	25	25	24	23	21	18	10	–	–	–
26			26	26	26	25	24	22	19	11	–	–	–
27			27	27	27	26	25	23	20	12	–	–	–
28			28	28	28	27	26	24	21	13	–	–	–
29			29	29	29	28	27	25	22	14	–	–	–
30			30	30	30	29	28	26	23	15	–	–	–

3

思维导图

很多家长焦虑，孩子学习效率不高，学完就忘，是不是记忆力有问题？究其原因，其实是孩子在阅读过程中没有思考。

我见过特别多学习优秀的孩子，都会把思维导图运用到学习中来。美国图论学者哈里说过一句名言：“千言万语不及一张图。”因为形象的、具体的、直观的事物要比抽象的语言容易理解得多。

思维导图常见的类型有圆圈图、气泡图、双气泡图、括号图、流程图、复流图和树形图等。

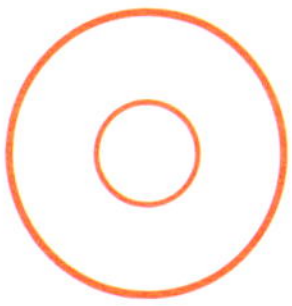

圆圈图

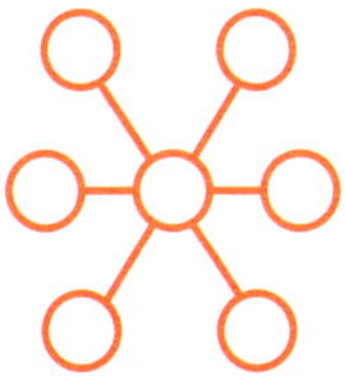

气泡图

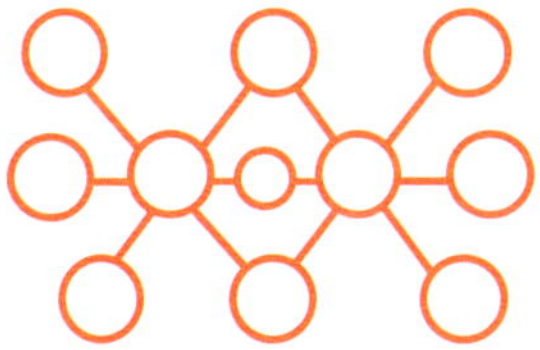

双气泡图

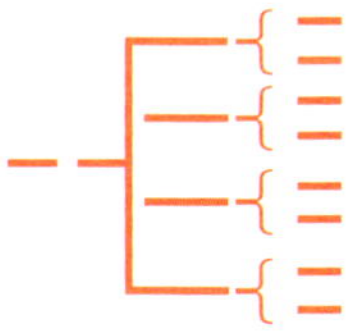

括号图

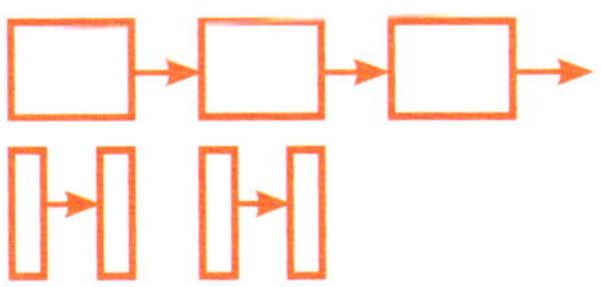

流程图

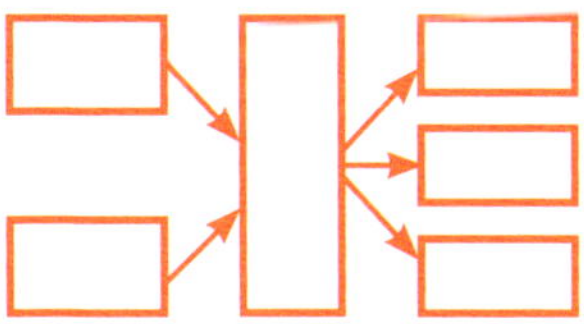

复流图

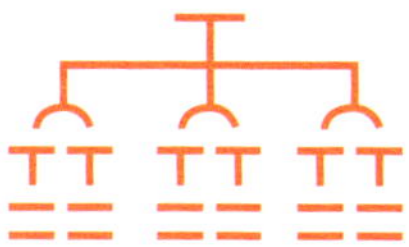

树形图

对于刚接触思维导图的孩子，我们可以先从最简单的圆圈图开始，圆圈图是两个同心圆，其中小圆圈表示的是主题，而大圆圈则表示和主题相关的信息。圆圈图可以帮助孩子锻炼发散型思维，怎么用呢?

举个例子，比如以“春天”为主题，让孩子围绕“春天”这个词，写下或画出他能够想到的词语或形象。首先，会在小圆圈里写下“春天”，然后，孩子由“春天”这个主题延伸，把想到的其他内容填进大圆圈。

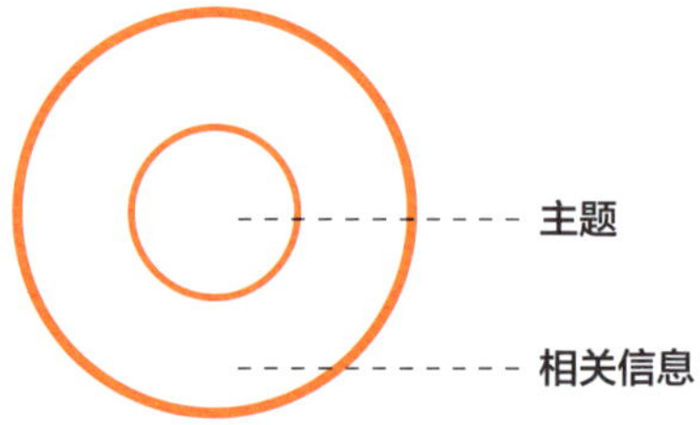

圆圈图

熟练圆圈图后，可以让孩子练习气泡图了，气泡图可以帮助孩子培养观察力，梳理知识点，分析事物特点。

气泡图也很简单，和圆圈图的不同点在于，气泡图多用来描述事物的性质和特点。首先，在中间画一个气泡表示主题，然后由中间这个气泡扩散开很多气泡，用来填写描述主题特点的词语或词组。

举个例子，比如在中间写下“蚂蚁”这个词，以此为中心，引导孩子想出具有描述特性的词，如勤劳、小巧、力气大等。

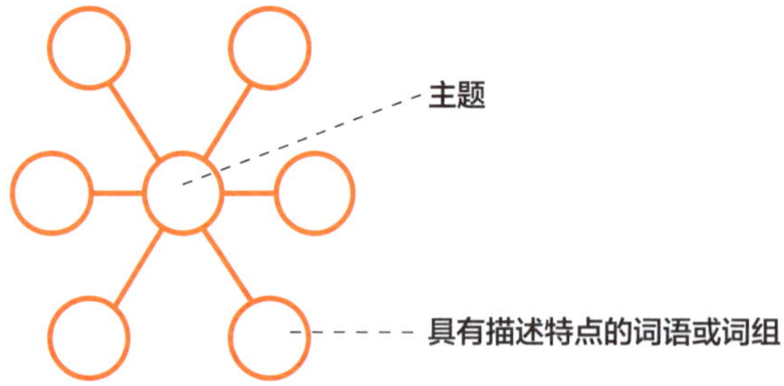

气泡图

熟练掌握圆圈图和气泡图后，可以让孩子学会使用流程图，流程图可以灵活运用在学科学习中，也能运用在生活中。使用流程图可以用来表达做一件事的顺序和步骤，经常使用流程图，能够帮助孩子锻炼逻辑思维能力。

举个例子，孩子需要做一个放学后的学习计划，首先做什么，接下来做什么，都可以用流程图记录下来。比如首先学习大语文，大语文包含背唐诗，阅读课外书；接着学数学，数学包含拼图、思维课等。

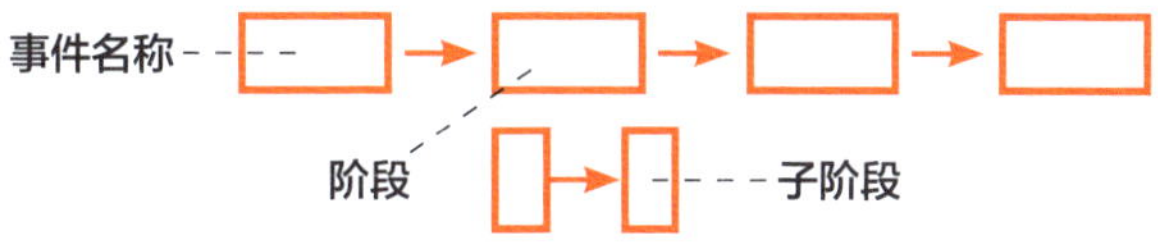

流程图

熟练地将思维导图应用到孩子的学习中，能在以下三个方面真正帮到孩子：

1. 很多课堂知识，经过思维导图梳理，孩子容易理解，也容易记忆；

2. 不管是中文还是英文，使用思维导图，都能极大地帮助孩子提升阅读理解能力；

3. 能帮孩子从小培养“结构化思维”能力。

我在文中只是列举了几种特别简单的思维导图样式，想让孩子更好地掌握思维导图的使用，我特别推荐托尼·巴赞的一本书——《图解心智图 让学习有效率》。托尼·巴赞是英国教育学家，思维导图的概念就是他提出来的。心智图就是思维导图。这本书写得非常细，有专门关于不同学科如何绘制思维导图的介绍，比如语文、数学、科学、历史、地理、英语等，可以帮助孩子迅速抓住每个学科的重点，特别实用。

还有更多好的学习方法，家长可以挑选孩子最喜欢的一种或者几种方法，多多练习。

第四章

好习惯是孩子一生的竞争力

特别的时间管理表，搞定学习拖延症

湖南卫视的《放学后》这档家庭教育节目引起了家长的广泛共鸣，因为它反映了绝大部分家长放学后的苦恼——孩子写作业拖拉磨蹭。

孩子学习不主动是因为家长不放手

其中有一集让人印象特别深刻。学霸爷爷辅导孙子作业，然而，这个过程并不轻松，孙子一直在使尽浑身解数拖延时间，或者尽量少写一点。为什么呢？因为从几点开始写作业，先写什么作业，到写多少才算可以，都是爷爷在安排。

第二天要考试，爷爷因为孙子还没将要考的科目复习一遍，着急上火。然而，孙子仍然是一副关我什么事的模样。

爷爷说："考好了，你高兴，老师高兴，爷爷奶奶，咱全家都高兴。"孙子却回答："我现在一点也不高兴。"

节目有一个部分是专家采访嘉宾，专家跟爷爷之间有如下对话。

专家："对于考试这件事，你的担心多一点，还是他的担心多一点？"

爷爷："我的担心多，他并不担心。"

德雷克斯在《孩子挑战》一书里讲到："永远不要替孩子做他力所能及的事情。"

做作业就属于孩子力所能及的事情。如果父母或者其他监护人，一直对属于孩子的作业指手画脚，孩子就会觉得，做作业这件事情跟他无关。

2

放手不是放任不管

我经常在课堂上跟家长们强调“要学会放手”。

听到这里，一部分爸爸妈妈很开心，原来放手孩子就会自觉呀，那太好了，那我就不管了，多轻松。完全放手的结果会怎样呢？孩子可能真的彻底放飞自我，最后比严格管教还糟糕。

还有一部分父母赞同我说的要放手，但是不信任自己的孩子。他们觉得，省心的是别人家的孩子，自家孩子自己了解，如果放手不管，孩子就会失控。

事实上，放手并不是放任不管，而是该管的管，不该管的不管。

孩子写作业拖拉，作为爸爸妈妈，该怎样放手呢？不再唠叨孩子、催促孩子，把什么时间做什么事情的决定权交给孩子，引导孩子来安排自己的作业。

3

一张惯例表，帮孩子学会时间管理

我女儿上小学一年级的时候，我们一起制订了一张日常惯例表，如今几年过去了，制订惯例表一直是她每个学期开学要做的重要事情之一。

日常惯例表怎么制订呢？要综合考虑很多因素。

1. 孩子要参与计划的制订。家长要倾听并尊重孩子的意见。因为孩子更愿意遵守他自己制订出来的规则。

2. 跟孩子一起“头脑风暴”。列出某个时间段要完成的事情，做好时间规划。不管孩子提出的建议是不是合理，父母要记住，不评判、不否定，但是可以引导孩子去发现问题在哪里。

比如孩子提出要看5小时电视，如果家里有电子产品使用规定，需要提醒孩子，约定每天看电视的最长时间是多久。如果没有提前约定过，可以提醒孩子，如果看5小时电视，会有什么后果。

3. 将日常惯例表贴在家里显眼的地方。拍下孩子做事时的照片，或者画出来。

4. 让日常惯例表做主。既然制订出日常惯例表了，父母就需要练习将日常的催促和唠叨改成提醒孩子，指着墙上的日常惯例表问：“你的日常惯例的下一项是什么？”

5. 不要加入奖励。当孩子按照日常惯例表执行的时候，可以跟孩子说：“我看到你自己做了……。”但是不要跟孩子说：“你遵守了规定，我奖励你一个礼物或者多少钱。”因为奖励会不知不觉带走孩子的能力感，让孩子从自主自愿做某件事，变成为了获得奖励而去做某件事。

惯例表做好以后，并不是必须完全按照制订好的规则来，要留一段时间调整不合理的地方。

比如规定语文作业30分钟内完成，但做作业时发现，30分钟完不成；又或者计划晚上7点开始写作业，可是6点40开始看电视，结果20分钟到了，一集还没有放完，突然关掉电视机，孩子心里肯定不情愿……

惯例表在执行的过程中，出现类似情况，可以记录下来，几天或者一周后，叫上孩子一起重新讨论调整。

Tips

为什么做了那么多次日常惯例表，最后都不了了之？

为什么照着书上的方法去给孩子制订了惯例表，但是一点效果也没有呢？这是很多家长共同的困惑。

邀请孩子制订属于他的惯例表的目的是什么？是为了让孩子按照家长的要求，按时按量完成任务吗？如果是这样，用惩罚、奖励等方式可能会简单有效得多，不需要用这种看起来民主的方式。

让孩子制订惯例表的终极目的是培养良好的时间管理能力。当他具备了这个能力，那么能够完成每天的任务，就变成顺理成章的事情了。

反之，每天按时完成了任务的孩子，并不一定具备良好的时间管理能力。因为很多孩子是在父母的催促和监督下完成的，当这个外力消失，孩子就完不成了。

另外，既然是制订孩子的日常惯例表，就需要以孩子为主体，家长认为合适的安排，对孩子来说不一定是他想要的。能安排好时间的前提，是孩子有为自己做主的自由。

当孩子没有按照日常惯例表去做的时候，父母要克制住指责或者抱怨的冲动，通常指责的话语有：“明明是你自己提出来的，你却不遵守！”

要知道，即使是父母给自己列出的工作计划清单，也做不到完全按照清单一项项实施，更何况孩子呢？

当孩子没遵守日常惯例表时，可以邀请孩子一起聊聊天，让孩子自己总结没能做到的原因，以及需要爸爸妈妈给予什么样的帮助。

日常惯例表并不是制订出来了就一劳永逸，要将惯例表更好地执行，在前期需要父母特别费心，但是所有的费心，都是为了日后的省心。

正确陪做作业，点燃孩子的学习激情

如果要问家长最头疼的事情是什么，排在第一位的非孩子的作业莫属了。因为作业给亲子关系带来的冲突，随便找一个家长，都可以说上几天几夜。是什么让一个个温文尔雅的家长，谈到作业就暴跳如雷？作业里究竟有什么神奇的力量，可以让孩子和家长的情绪波动如此之大？

是让孩子更爱学习，还是更厌恶学习

我在女儿的书桌上贴了一张纸条，上面写着这样一段话："当你作业不会喊妈妈的时候，请先问自己三个问题，你复习当天所学的内容了吗？你查字典了吗？你再三读题了吗？"

对女儿的作业，我很少插手，但是不是放任不管，孩子迟迟没有开始写作业的时候，我会问她："关于今天的作业安排，是怎样的？你需不需要妈妈的帮助？"也就是引导孩子在做作业这件事情上问自己，这是谁的事情，谁应该承担起责任。

可能有家长会问，那孩子说再看一会书，或者他完成了学校作业，根本不会去做巩固和复习，成绩就上不去。怎么办？

是啊，成绩上不去怎么办？曾经有一位老师，在课堂上跟我说了她的疑问。

"我很认可您的观点，学习是孩子的事情，但是孩子还小，没有能力也不懂如何管理好自己的学习，家长不管是不行的。甚至我们都会观察到，一个班级里，主张您说的把学习的问题交还给孩子的家长，他们孩子的成绩都不拔尖。这就意味着这样的引导方式是有问题的。"

当孩子出现学习成绩暂时性不拔尖的时候，家长和老师都习惯在问题表面去找原因，比如家长太放任了，应该对孩子再严格一些。却从来没有想过，当你采取各种手段直奔成绩这个结果时，孩子做了怎样的决定？

关于家庭作业，我在课堂上开展过数次角色扮演，比如邀请家长体验一个孩子的感觉，听其他家长跟他说以下这些话：

跟你说过多少次了，回家先记得写家庭作业。

如果你不能完成家庭作业，就别想着出去玩了，别怪我没提醒你。

你为什么不能像某某某那样让我省点心。

你究竟要拖到什么时候，每天被你熬到这么晚，明天又起不来。

我看着“孩子”一个个眉头紧锁，眼睛看向别的地方。然后告诉我：“烦死了，每天就知道作业作业，看不得我闲下来一会儿。”

我问“孩子”：“那你接下来有什么打算？”“孩子”说：“该干吗干吗，因为即使现在照着大人说的做了，一会儿指不定要生出什么其他要求，反正大人永远都对我不满意。”

接下来，我邀请家长再次体验孩子的感觉，这回，我跟“孩子”说：

我们要怎么做，才能帮助你记住家庭作业呢？

你需要怎么做才能在下楼运动之前完成作业？

看到你上了一天学很辛苦，现在有什么是妈妈可以帮到你的吗？

我很在意你的身体健康，我们来聊聊有什么办法可以让你9点关灯睡觉。

这一次，“孩子”们都在认真倾听，并思考我说的话，我问“孩子”刚刚是什么感觉。“孩子”回答我：“一开始听的时候会有点懵，但是到后面几句的时候，就开始思考这件事情我要怎么办？没有感受到那种被逼迫、被要求的压抑感觉。”

如果不知道怎么跟孩子说，父母不妨把这些话背下来，因为用这样的方式跟孩子沟通，激发的是孩子自主思考、自主学习的能力，相比作业是不是全对，考试是不是考了高分，让孩子具备自主学习力，愿意学习，才是孩子面向未来的核心竞争力。

2

如何才能正确放手

蒙台梭利在《童年的秘密》一书里讲道：“当一个成人看着一个儿童端着一杯水，他就开始害怕这个杯子被打碎。他会从孩子手里拿过那个杯子。”“在那一个时刻，他会认为一只杯子比他孩子的活动更有价值，并且力图防止它被摔碎。”“这个成人，他能高兴地为孩子做任何牺牲，但他却会将自己的精力浪费在保护一只微不足道的杯子上。”

父母全心全意地爱孩子，却无时无刻不在轻视孩子，不信任孩子，常常无意识地就做了伤害孩子的事情，让孩子感觉到持续的挫折感，觉得自己是没有能力的。

父母放手将安排作业的权力放心地交给孩子，并不是一件容易的事情。我相信，大部分家长都做过从孩子手里抢走杯子这样的事情。

我在课堂上经常会做一个正面管教的角色扮演。首先，我邀请一位家长上台扮演孩子，我扮演妈妈，我手里拿着一把笔，其中的每一支都象征着权力。

情景一

妈妈：这支笔代表着权力，我要把它给你，你想要吗？

孩子伸手去拿：妈妈我想要。

妈妈收回笔：你还太小了，妈妈觉得还是等你再大一点吧。

妈妈：这支笔代表着权力，我要把它给你，你想要吗？

孩子伸手去拿：妈妈我想要。

妈妈收回笔：算了吧，你会把这件事办砸的。

妈妈：这支笔代表着权力，我要把它给你，你想要吗？

孩子伸手去拿：妈妈我想要。

妈妈收回笔：不行不行，我觉得你还是不可以得到它。

如此数次。

我询问“孩子”的感受，孩子答：“感觉特别生气，觉得妈妈不信任我，同时也觉得自己真的是没有能力的。”

情景二

妈妈：这支笔代表着权力，我要把它给你，你想要吗？

孩子伸手去拿：妈妈我想要。

妈妈：我相信你能做好。

妈妈：这支笔代表着权力，我要把它给你，你想要吗？

孩子继续拿：妈妈我想要。

妈妈：放心去做，即使这件事情办砸了也没关系。如果你需要，随时可以来找妈妈。

妈妈：这支笔代表着权力，我要把它给你，你想要吗？

孩子伸手去拿：妈妈我想要。

妈妈：不管结果怎样，我都爱你。

同样数次。

我询问“孩子”的感受，“孩子”答：“因为经历了前一轮，开始不相信，会认为这一定是个陷阱。但后面看到妈妈的眼神，慢慢相信妈妈是真诚的，感觉自己被信任，深信自己被爱，想要做得更好，也相信自己有做得更好的能力。”

大多数情况下，没有自主学习力的孩子，都把精力用在了跟家长对抗上。所以，当你的孩子学习不主动的时候，你要做的不是去责备孩子为什么不自律，而是反思一下，自己在陪孩子写作业的过程中，到底做了些什么，以至于让孩子没有办法把精力集中在学习上。

Tips

选择放手让孩子管好自己的作业，可是结果却一塌糊涂，怎么办？

选择放手，并不是完全放任不管，而是要给予孩子支持。通常在这个时候，家长要做好心理准备，迎接“事情变好之前，可能会更糟糕”的局面。因为孩子之前一直对作业没有主动权，全是听家长说了算。忽然发现可以由自己做决定了，孩子的本能反应不是要开始对作业负责，而是想，终于没有人管我了。甚至孩子会通过过度放松的行为，来试探家长是否真的放手了，还是像以前一样只是说说而已。

经过一段时间，孩子发现家长真的不唠叨了，而且还会给他适当的关心和支持。这个时候，孩子才会慢慢地将注意力从如何对付家长，转移到学习本身上来。

如果没有意识到改变会经历这一阶段的家长，就会很着急地回到原来的控制状态，如此反复。

掌握了改变的规律，把主动权交给孩子，当他感受到爱和支持时，每个孩子都想要做得更好。

专注力养成，
学习事半功倍

一位家长跟我说，她经常接到老师的电话，说她女儿上课特别爱分神，一点小响动，心思就不在教室了。写作业的时候东张西望，拉着前后左右的同学讲悄悄话，影响其他同学，有家长甚至要求老师不要把自家孩子安排跟她女儿同桌。

孩子写作业东张西望；一点小响动就能转移注意力；上课时坐不住；课堂上喜欢和同学说“悄悄话”；简单的古诗或者英语单词，总是记不住……真的是注意力不集中吗？心理学家观察、研究后的数据表明：5～6岁儿童注意力集中时间为10～15分钟，7～10岁为15～20分钟，10～12岁为25~30分钟，12岁以上能持续30分钟以上。这个时间是指孩子主动思考事情的时间，如学习、写作业等；不包括被动用脑的看电视、玩游戏的时间。

所以，家长应该做的事情是了解孩子的年龄和在这个年龄段的专注力水平。当出现注意力不集中的时候，意识到孩子在长时间保持专注力的培养上需要加强，而不是批评指责孩子注意力不集中。因为，孩子在不断被批评和指责的时候，会有一个很强烈的暗示：我就是一个这样的人。

避免做破坏孩子注意力的事情

孩子正在认真解题，这时妈妈走过来说："喝点水吧，都大半天没喝水了。" 过一会妈妈又拿来一盘水果说："休息一下，吃点水果。"

这些场景，大家是不是很熟悉？句句爱意满满，殊不知这些爱意，正在毁掉孩子的专注力。

美国印第安纳大学的一名心理与脑科学教授做了一个很有意思的研究，他发现婴儿的专注时长与陪伴婴儿的大人的专注表现有很大关系。

实验中，研究员邀请了40组12～16个月的宝宝和家长，目的是探究家长与一岁左右宝宝的互动模式对宝宝专注力的影响，结果令人大跌眼镜。

实验中，宝宝本来自己玩得好好的，有的家长努力过了头，拼命向孩子表现自我，要么拿着玩具在宝宝面前不停晃，要么就是指导孩子怎么更好地玩玩具，还在旁边热切地期盼宝宝的反馈。可惜，家长的这些"好心帮助"孩子并不领情。研究者从摄像头中看到的是，孩子的眼神不是瞟向了天花板就是看看父母的肩膀，并没有聚焦在父母的动作上；而且，被父母打扰后，也再没心思专注在玩具上。

人的注意力是有限的，比如你正在低头看书，突然来了电话，你的注意力会马上转移到电话上。所以，家长要意识到在生活中，不小心做了哪些破坏孩子专注力的事情，而不是在孩子专注力没有培养好之前，认定孩子专注力不够。

2

把让孩子分心的事物都拿开

我在给家长们上课的时候，会跟大家说："请每个人把手机调成静音，并放在教室指定的存放处，或者至少确保你在座位上伸手够不到手机。"

因为可能是一个电话，也可能是一个信息，就会让家长分心。将手机拿开，家长们在课堂上的注意力会显著提升。

对孩子来说也是如此，让孩子更好地集中注意力，需要家长要求孩子把所有让自己分心的事物拿开。比如在写作业的时候，书桌上只出现必须要用的物品，拿走所有不需要使用的物品，就能很大程度地降低其他物品带给孩子的干扰。

除了物品，家里其他人正在做的事情也是一样。如果家中电视正在播放孩子喜欢的电视连续剧，手机里正在播放短视频等，孩子的注意力就很难集中。因为学习是需要付出努力才能保持专注的。

3

一起玩提升专注力的小游戏

一些有趣的游戏，除了能不知不觉提升孩子的专注力，也能促进亲子关系的和谐。

舒尔特方格

舒尔特方格是目前世界上最专业、最简单以及应用最广泛的注意力训练方法之一。

寻找目标数字时，注意力需要高度集中，把短暂的高强度集中精力过程反复练习，大脑的集中注意力功能就会不断加固、提高，注意力水平会越来越高。

实际的操作方法非常简单，购买的途径也很多，家长可以和孩子一起练习，轻松又好玩。

3	14	5	20	18
9	10	24	11	21
1	23	8	13	6
15	4	17	7	19
25	16	2	22	12

9	6	16	12	19
20	22	14	8	25
11	1	18	2	5
23	7	10	4	13
17	15	3	24	21

11	24	1	14	25
5	7	16	4	18
20	10	9	13	2
17	21	6	12	8
23	3	22	15	19

24	5	20	13	21
3	18	4	16	25
15	7	12	1	8
10	2	14	23	17
6	11	22	19	9

10	9	16	12	18
25	13	22	5	21
14	7	3	20	11
8	24	2	15	23
1	17	6	19	4

11	24	4	19	2
15	21	10	16	5
9	7	20	1	23
22	14	25	8	17
18	12	3	13	6

训练时，让孩子用手指按1~25的顺序依次指出数字的位置。时间越短，注意力越集中。

辨别关键词

家长读一篇孩子没有听过的文章，要求孩子在听到某个字的时候，伸出手指在桌面敲一下，或者拍一下手。训练一段时间后，可增加难度，比如记得某个字、某个词在文章中出现了多少次等。家长的朗读速度也可以慢慢加快。

玩扑克牌

准备好一副扑克，挑出同一种花色的扑克A~10。然后把牌洗乱，让孩子把牌拿在手里一张一张地出。

孩子出第一张时，嘴里念出牌上的数字；出第二张时，直接说出第一张牌和第二张牌相加的和；出第三张牌时，说出跟前一个得数相加的和……直到牌全出完为止。10张牌的总和是55，只要牌全出完得数是55就对了。

这个游戏需要高度的专注，建议孩子连续算对3次就停止游戏，即使孩子算得不对，一次玩3~5分钟也可以了。

孩子熟练适应之后也可以增进难度，把一副牌里的“大小王”和J、Q、K挑出去，算剩下40张牌的相加结果。

别让乒乓球掉下来

让孩子把乒乓球放在球拍上，在房间里走动，要求乒乓球不能掉下来。训练一段时间后，同样可以增加难度，比如家长在旁边进行捣乱，拍手、说话、假装要去碰球拍之类，但是不是真的碰到球。

孩子需要保持镇定和注意力集中，才能完成游戏。

4

强化孩子好的行为，及时鼓励

当父母培养孩子的专注力时，特别容易犯的错误是给孩子贴标签，在一件又一件的小事上批评孩子不够专注，这其实反而会让孩子把这个问题强化。

父母应该反其道而行之，不去提孩子不专注这件事，只把重点放在孩子专注做了什么事情上。

可以把孩子专注的事情用便利贴写出来，贴在家里指定的一个区域。

例如：

1. 持续画了3分钟的人物脸谱，全神贯注；

2. 做了10分钟数学作业，中间只喝了一次水；

3. 坚持写完了一张字帖才去看宠物猫；

4. 坐在座位上5分钟。

这样的正向激励，有助于强化好的行为，一点一点提升孩子的注意力。

在寻找方法提升孩子专注力之前，我想强调一点，有时候，父母觉得孩子专注力不好，可能是一种误解。比如很多父母看到孩子做一件事，坚持不到20分钟就会开小差、分神，就觉得孩子没有专注力，一问孩子多大，才五六岁。

事实上，孩子的注意力是随着年龄增长一点点发展的。幼儿园大班的孩子（5~6岁）能集中注意力15分钟，小学一年级到三年级的孩子大概能集中注意力20分钟，四年级到五年级的孩子能集中注意力25分钟，初中生能集中注意力30~40分钟。

当然，这不是绝对的，但注意力集中时间大概在这个区间的孩子，都是专注力正常的孩子。

Tips

为什么孩子看电视可以做到专注？

很多父母说，我的孩子做别的事情注意力不好，但是看电视注意力好得不行，能坐在那看几个小时。事实上，看电视坐得住，那不叫专注力好。

人的注意力分为两种：被动注意和主动注意。被动注意是自然发生的，没有自觉目的和不加任何努力的注意。

看电视时，孩子受到的是电视的声光感官刺激，他的注意力是自然被吸引过去的，这是被动注意，即不需要孩子付出努力去关注。

父母要培养孩子的注意力，就是自觉地、有目的地集中注意力，也就是主动注意力。孩子必须有很强的主动注意能力，才能做到专注。

生活自理，
家务活是孩子学习的助力器

现在很多家庭里，孩子的任务就是学习，洗碗、扫地、丢垃圾等事情全部都是家长包揽。其实，教会孩子做家务，是一件特别重要的事情。

曾经，有国内研究机构对全国2万个小学生家庭进行调查。结果表明，做家务的孩子比不做家务的孩子，成绩高出27倍。心理学家也在研究后发现：人在体力劳动和体育锻炼时，大脑里氧气最充分；大脑在劳动和运动时，思维部分是休息的。也就是说，做家务会帮助孩子锻炼大脑，可以让孩子很好地劳逸结合，孩子也将更加聪明。

可以说，做家务能够在无声无息中帮助孩子提升学习成绩。

如何说，孩子会更愿意做家务

作为家长，曾说过多少次“只要你好好读书，别的都不需要你做。你的任务就是把书读好”，以及“我三五分钟就做完了，交给孩子30分钟还搞不完，收拾起来更麻烦”，又或者是“别说让孩子做家务了，我就是喊他倒个垃圾都困难”，再比如“当我提出让他将玩具收拾到盒子里时，他总是充耳不闻，好像听不到一样”。

的确，孩子有一个重要的任务是学习，但是学习却不是孩子的唯一任务。如果孩子的生活只需要学习，这会对孩子的将来带来怎样的影响？这会让孩子对自己形成怎样的看法？20年以后，你希望孩子只关注学习，还是具备独立生活的能力？

当你让孩子做家务时，他却磨蹭拖延，甚至好像没听见你说话。这个时候要想一想，是不是你说的话对他没有吸引力，他对此不感兴趣。

孩子的大脑前额叶皮质尚未发育完全，这一区域负责“执行功能”的指令，如注意力、决策能力和自我控制力，所以孩子很难一下子从当前感兴趣的事情跳到家长想要他注意的事情上去。

因此，最好不要在孩子专注做某件事，比如玩耍时试图让他暂停，然后和你一起做家务，这会令他烦躁、失落、逃避。

帮助孩子转移注意力的最佳方式是站在他的角度想问题，要带着同理心去沟通，开始话题前先说：“我知道你现在正玩得开心。”让孩子感受到被尊重与被理解。

然后，要尽量让话题有趣一些，比如你想让孩子去收拾自己的房间，将平淡的“去收拾你的房间”改成“我们得一起去做个清洁魔法，把你的小房间变得干干净净”。

将“你”变成“我们”，强调了合作，是一起做的事，而不是让孩子一个人承担；将“收拾”变成“做清洁魔法”，强调了这不是孩子枯燥的任务，而是一件很有趣的事情。

在《如何说孩子才会听 怎么听孩子才肯说》一书中，针对怎么让孩子注意家长的话，阿黛尔·法伯介绍了一个很实用的技巧：单纯地叙述问题给孩子听，让他们决定怎么做。

例如，不要说“如果要我再说一次把湿毛巾挂好，我就要罚你了”，而是说“亲爱的，我床上有条湿毛巾”。客观的信息对孩子来说比较好理解，单纯叙述事件的状况能鼓励孩子合作和解决问题。叙述完问题之后，用中立、不带控诉性的语言告诉孩子，这样的行为给你什么感受，如“我不喜欢睡在湿湿的床上”。这样做能激发孩子的同理心。

对于年龄小或者还没有经验的孩子，完成家务活的质量并不是最重要的，重要的是孩子在过程中付出的努力，会让他形成“我能行，我可以做贡献”的自我认知。

2

在孩子做家务的过程中，父母可以做些什么

尽量和孩子一起做

孩子一开始做家务，多半是好玩，玩过之后也许就不感兴趣，不愿意坚持了。如果想要孩子坚持做家务，那父母就需要和孩子一起做，让做家务变成有价值的事情，也是增进感情的好机会。

目标是让孩子从中获得乐趣

看待孩子做家务，父母最好不要将目标定为“把这个活儿做完”，而应该定为“让孩子从中得到乐趣”，而鼓励、肯定和表扬是最直接有效的方法。“哇！这个地拖得都能当镜子用啦，你太棒了！”孩子会觉得“我拖得真的很棒”，一次一次拖也不觉得累，直到他独自能轻轻松松把地拖干净。

不要当着孩子的面重新做

孩子做家务不尽如人意是很正常的，事后父母难免要再干一遍，但是千万不要着急，更不要当着孩子的面重新做一遍。当孩子看到你过来纠正他刚做好的事情，他接收到的信号是：我干得不好，下次我不干了，反正干了也没用，妈妈会重新做的。孩子会因此感到沮丧，感到气馁，觉得自己不行。纠正不光会影响亲子关系，还会丢掉孩子对做家务活的热情和信心。

在教会孩子某项能力之前，先示范正确的技能，再陪同孩子练习，从而获得这个技能。就像考驾照，教练不会让你先去摸索、尝试，一定是先示范，陪同你练习，确保掌握了以后，再让你独自驾驶。

教会孩子干家务活也是一样。

陪同孩子开始一项新的家务

1. 刚开始的时候陪孩子一起做。

2. 在孩子的附近做，比如你在房间的这个区域，孩子在另一个区域。

3. 让孩子独自在一个房间完成。

Tips

可以用金钱奖励孩子做家务吗？

有妈妈说：“为了让孩子做家务，我提出做了就奖励一块钱的方法，但是现在问题大了，不给钱他就什么都不做，让他倒个垃圾都要先向我要一块钱。这种情况怎么办呢？”

首先，要跟孩子讨论，家务活不是替爸爸妈妈做，而是家里所有人共同的义务。

其次，在付费方面，有这样一个标准：如果家里的这项任务，本来就是付费请外面的人来完成的，那么当孩子完成时，就可以拿到同样多的报酬；但是如果这一项家务不是付费来完成的，比如拖地、丢垃圾，都是家庭成员自己做，那么孩子则要共同承担，就没有相应的费用。

坚持阅读，
看似绕远实则赢在起跑线

北京大学语文教育研究所所长温儒敏教授曾经对本科一年级学生做过一次调查，得到了两个结论：

1. 凡是喜欢语文，养成了阅读习惯的学生，平时课外阅读量都很大，知识面都很广，这部分学生的思想比较活跃，整体素质也高；

2. 只熟悉教材和教辅，课外阅读少，没有阅读习惯，即使考试成绩不错，进入大学后，往往会感到学习困难，视野窄，思路不够开阔。

阅读力直接影响到学习力

教育专家尹建莉说："阅读课外书，看起来和孩子的学习成绩风马牛不相及，实际上，却是用一种'绕远路'的方式，帮助孩子提升学习能力。"我特别认可这句话，我身边爱阅读的孩子，学习成绩都不差。

有助于提升孩子的写作能力

同样年龄的孩子，那些家里亲子阅读做得特别好的家庭，孩子的写作和表达能力就会特别强。相反，那些没有进行过亲子阅读的家庭，孩子写作和表达能力相对就会弱一些，因为阅读可以帮助孩子积累书面语言。"熟读唐诗三百首，不会作诗也会吟"说的就是这个道理。所以，一个读书多的孩子，在写作文的时候，自然就有话可说。

有助于提升逻辑思维能力

与部分家长认为的读闲书影响学习成绩相反，有良好阅读能力的孩子，学习能力也会很强。

一般图书在编写的时候都是连贯性的，孩子在阅读的时候会自然而然跟随作者的思路，经过一段时间，孩子就会形成缜密的逻辑思维。而且孩子在阅读的时候，大脑始终在运转，当在阅读中遇到问题时，会主动思考。

大量阅读积累到一定程度，就会带来质的飞跃。你会发现，孩子的学习能力和创造能力都会比同龄人更出色。

我有个亲戚的孩子，9岁，念小学三年级。期末考试结束，语文40多分，数学50多分，两门学科都不及格。她妈妈很着急，在家辅导写作业时，连衣服架都打散了，孩子哭着求饶："妈妈，我真的看不完题了，我看不完题呀。"我问她平时一般看什么课外书，她妈妈急了，说："课堂内的东西都还没搞懂，还读什么课外书！"

而我家长课上一个"钉子户"妈妈，从怀孕开始，就给孩子做胎教讲故事。孩子出生后，更是每天都坚持带孩子读绘本。她女儿进小学前，就能拿着绘本自主阅读，8岁时阅读量达到了惊人的5000册。

每次考试，她女儿都会提前交卷，因为觉得题目太简单了，学习对她来说太过轻松。所以，她有大把时间去看课外书，做自己喜欢做的事情。

2

如何培养出爱阅读的孩子

很多父母说，我也知道阅读好，但是我家孩子就是不爱阅读，怎么办呢?

别给孩子贴“不爱阅读”的标签

给孩子贴上不爱读书的标签其实挺省心，也很容易，不需要付出任何努力。但是要撕下这样的标签，却需要家长陪同孩子一起付出努力。大部分人愿意停留在痛苦里，是因为那样的痛苦让人很轻松。因为，他只需要接受孩子不爱看书这个观点，不需要付出任何努力。

言传身教，父母爱读书，孩子会模仿

很多家长不爱看书，却期望不做出任何改变，孩子就能够有完全不一样的结果。也就是说，自己做不到的事情，却希望在孩子那里能够完成得很出色。每当家长问我孩子不爱看书要怎么办时，我都会问对方：“平常你自己的阅读习惯怎样？”如果家长自身热爱阅读，孩子爱上阅读是迟早的事儿；如果家长从来不碰书，孩子很难从家长的行为里体悟到读书的好处。

当然也不是没有例外，少数家长不爱看书，但是孩子却对书籍如饥似渴。这样的情况，我特别希望父母思考一下，自己的思想在将来的某一日，是阻碍孩子还是帮助孩子?

更多的孩子其实是从父母的行为里学习如何做决定。也就是说，当一个孩子看到父母从来都不碰书，甚至说起看书就打瞌睡时，孩子很难去想象书里有好玩的、吸引他的事儿。他大概会纳闷地想：你们都不爱看书，为什么偏偏让我天天盯着书看，我也不喜欢。

别把书分成无用的和有用的

很多父母苦恼自己的孩子喜欢看小说，而不是对学习有助益的工具书。于是经常要求孩子不许看对学习“没用”的书，逼着孩子看对学习“有用”的书。

父母需要对孩子阅读的内容进行把关，比如低俗的、暴力的，当然不能看；但是很多孩子看得津津有味的小说，拓展的是孩子的眼界和知识面，是孩子成长的养分。

可以交流，但是不提问、不检查

我不会用考试的语气去问女儿从一本书里看到了什么。比如很多家长会问的：书里都讲了什么？你都学到了什么……这样会让孩子心生抵触。因为这样其实是在告诉孩子：我对那本书不感兴趣，那是你的任务，我现在要来检查你的任务完成得好不好。当家长这样问的时候，孩子会想：你都没看过、也不感兴趣的书，为什么要逼着我来看。

我拿《简·爱》举例。不了解书的内容，就把书拿给孩子看的家长会问孩子：“那本书你看了吗？你觉得怎么样？”但是，了解并读过内容的家长，会这样和孩子讨论：“看到简·爱好不容易离开了她那凶狠的舅妈，到了学校又遇上那么艰苦的环境，饭都吃不饱，真是揪心啊。”孩子要是看了这个部分，话匣子一下就打开了。

阅读应该是一件伴随终生的、愉悦的事情。让孩子喜欢读书，愿意读书，比获取知识更为重要。

第五章

允许孩子犯错，每次犯错都是一种学习

爱美是一种能力，勿妖魔化孩子的这种能力

每个人都希望自己更美，也更喜欢美的人、美的事物。但父母都有个神奇的认知，希望自己的孩子在大学毕业前，穿着运动服，两耳不闻窗外事，更不要把精力放在穿衣、化妆这些事上。可是孩子一进入社会，又期待孩子把自己打扮得漂亮、得体。

难道在家长的脑海里，孩子都有一夜之间具备某项技能的特异功能吗？

我常常在课堂上收到这样的疑问："孩子偷穿她妈妈的高跟鞋，这么小就爱美，好吗？""孩子竟然用香水，我是不是需要跟她谈谈了？"……父母面对这些事情的反应，就像发现孩子在"犯罪"一样，慌张无措。

有这样的担忧，主要还是因为父母对美的看法。在过去，家长会把爱美等同于不务正业，担心孩子爱美就会变坏，会荒废了学业。实则不然，爱美恰恰是爱自己的表现，一个不允许自己变美的孩子，又怎么能看到身边人的优雅和美？即使能看到，那也只能是激发起自己的自卑罢了。

爱美不可怕，可怕的是家长对孩子爱美的偏激解读！相比一味制止，让孩子懂得美、体验美、享受美，才更重要。

爱美的孩子更有主见

蒙台梭利认为，每个孩子都有一个审美敏感期，一般发生在2.5~5岁。这个年龄段的男孩子会更多地去镜子前观察自己，而女孩子会要求跟妈妈一样涂口红、打耳洞、穿高跟鞋。如果父母不同意，小家伙就会在家悄悄折腾。

很多父母会对这样的行为置之一笑，但其实这个阶段是对孩子进行审美教育的好时机。孙瑞雪在《捕捉儿童敏感期》里这样说："实际上成人的气质是由儿童期间的审美导致的，童年的审美奠定了人一生的审美倾向和生活品质。"父母应该抓住这个时期，带孩子去欣赏美、感受美，帮助孩子奠定美的意识基础。同时最重要的，是要尊重孩子的审美品位以及追求美的行为。

在装饰打扮自己这件事情上，孩子的审美确实跟成年人相去甚远，比如大部分小女孩喜欢穿那种装饰繁复的裙子，头上扎满五颜六色的绸带子，用成年人的眼光来看，确实不好看。

但如果父母觉得孩子没品位、没眼光，拒绝让孩子选择自己的穿搭，担心孩子穿出去奇怪，让人笑话，那么你阻碍的其实是孩子的主见和思想。而父母给孩子选择权，既是让孩子在最能犯错的年龄试错，也是在培养孩子的个性和自主性。

一个从小就没有穿衣打扮自由的孩子，长大成人后，很难有选择自己想要的人生的自由。

2

尊重孩子的爱美之心

有一位泰国小女孩，从小就爱美。两三岁时，她对妈妈的化妆品表现出极大的兴趣，强烈要求化妆。对此，她的妈妈在经过短暂犹豫之后，选择了尊重女儿的想法，不仅鼓励孩子尝试，还把女儿的视频传到视频网站上，意外地获得了几百万的点击量。后来，在妈妈的支持下，小女孩参加了专业的化妆培训班，接受系统的训练，并且还参与了伦敦时装周的工作，帮助名模们化妆。

很多时候，父母阻止孩子爱美，是把孩子化妆和孩子会有的一些不良行为（比如抽烟、酗酒）等同起来了。如果父母能够意识到化妆就是化妆，而孩子其他的行为同样需要父母引导时，就能够更客观地看待孩子爱美这件事了。当孩子年龄还小时，他们可能不会主动发现美，就更需要父母精心策划和多加引导。

设想你养育的孩子，将来成为孩子的妈妈或爸爸，他将如何照顾孩子，照顾家庭？他可以即使从事普通的工作，过着平凡的生活，但是却能打扮得体，发现、欣赏并享受生活中的美好，从而获得幸福感吗？

所以，孩子爱美真的是一件好事，父母应该鼓励、支持并正确引导孩子去爱美。

3

鼓励孩子内外兼修

我在网上看到过这样一个视频。

一个小女孩，衣着光鲜，干干净净，孤身一人站在路边，无数路人过来关切询问她是不是走丢了，需不需要帮助。可是同样的女孩，化妆师给她脸上涂了点脏脏的颜色，换了一身邋遢的装扮，路人却熟视无睹，甚至她走入餐厅后，餐厅的顾客喊服务员驱赶她，看她经过身边，会警惕地将手包拿得更靠近自己一点。

虽然人们经常强调，勿要以貌取人。但需要承认的是，如果你作为主管去面试两位助理，在文凭、身高、长相各方面都旗鼓相当的情况下，你还是会忍不住将好感印象分，给那个化妆打扮更精致、更得体的一位。也就是说，对方至少需要在外表上，给人以专业、得体的感觉，才会激发人们继续了解他的兴趣。

家长担心孩子爱美会分散注意力，影响孩子的学习。其实归根结底，还是怕孩子只修表面，不修内在。那引导孩子不关注外在美，她就会将所有精力放在如何提升自己的内在了吗？这是个谬论。恰恰相反，一个内在不断得到提升的孩子，同时她的外在审美能力、对美的需求，也会越来越高。

所以，当孩子下次再跟父母提出化妆打扮的要求时，不妨及时肯定孩子：“恭喜你对美开始有要求了。”

别把孩子的抗羞辱能力，当成抗挫折能力

有一个非常有趣的实验。

两株一样的植物，一株每天听的是各种打击的话：

“你看起来像快烂了一样。”

“没人喜欢你！”

“你就是废物，你一无是处！”

……

而另一株植物不一样，每天都被鼓励：

“你真的很美！”

“一见你我就特开心。”

“我喜欢你做自己的样子。”

……

30天后，有趣的事情出现了，被打击的那棵植物，叶子枯黄、形态萎靡，已经全无生命力；而那棵被鼓励、被称赞的植物，则生机勃勃、朝气十足。

植物尚且如此，更何况人。然而，令人遗憾的是，很多父母在养育孩子的时候，常常跟孩子说的却是打击的话语，美其名曰帮助孩子提升抗挫折能力。

抗挫折能力是指孩子遇到失败的时候，会从错误中吸取经验，把错误当学习的机会。而责备孩子培养的只是孩子的抗羞辱能力，让孩子认为只要犯错了，所有的责骂都是他应该承受的。承受完了，错误也就一笔勾销了。

这显然与父母的初心背道而驰。

你需要的是一个孩子，不是一名战士

我念书的时候，班上有个女孩子成绩特别好，每次考试都遥遥领先，只要成绩稍有下降，即使在别人看来仍然是很好的成绩，她整个人就会崩溃掉。那时候，我不太理解，为什么她成绩那么好，还不断说自己很糟糕？以为她是故意这么说，让成绩比她差的人心里好受些。

很多年后的一次聊天，她说自己没有自信，总感觉自己不够好，活得特别疲惫，有时候都想自杀。她说只要稍微松懈下来，就会听到妈妈的声音在耳边萦绕：

“考第一又怎样？第二名就差你一分，你马上就要被超过了，你知道吗？”

“这个社会多残酷，竞争多激烈，你知道吗？”

……

这样的言语，我听一句就会感觉无比糟糕，更何况几十年如一日在耳边循环萦绕。那个瞬间，我理解了她的所有感受。

她是真的不敢停下来啊，因为在家庭中，一个孩子不断被负面评价刺激，不断地被否定，那么她内心的“定海神针”就会被摧毁。她不会有自信，整个灵魂全部是自卑和自我怀疑，就算哪天因为拼命努力取得了一点成绩，稍微自信一点，但是别人一句否定的话，她又会轻易陷入了“我还不够好”的旋涡。

那些打击孩子的父母，是不爱孩子吗？他们只是坚信打击孩子，孩子才会有抗挫折能力，才会变得更好。

我对自己的生活和工作安排，算是比较有自己主见的，我不太接受拼命在我后面催促工作的同事。一被催，所有的想法和动力在那一刻全没了，只想停下来休息。脑海里有一百个声音在告诉我，对方不信任我，对方不相信我的能力。

对方觉得，如果我不催你，你就不会意识到这项工作的紧急性和重要性。可是很多人却忽略了，压力本身会干扰当事人对事情的关注度，分散注意力。

如果是在战争年代，高度的紧张和抗压能力能够帮助人们顺利存活下来。但现在已经是和平年代，生活不再是要么胜利，要么满盘皆输，还有很多灰色地带，这个地带放松、平静、随和。体会在不同状态中的自己，这才是生活。

2 孩子需要鼓励，就像植物需要水

我女儿的钢琴老师是一个特别懂孩子的人，比如在我女儿弹错音的时候，她是这么说的："这首曲子，90%的部分都没问题了，非常好，只有这里，我觉得有一个小小的错误，你看看我说得对不对？"

当老师这么说的时候，女儿会马上改过来，并开心地说："我回家要把这个部分多练习几遍。"老师就会立刻肯定她："对的，就是这样，特别好。"孩子觉得特满足，会比之前更开心地接着练习。

这就是孩子想要的鼓励。

怎样去鼓励孩子呢？可以分两步走。

第一步，找出孩子的优点，以及优点背后相关的行为，用客观描述的形式表达出来。肯定孩子，一定要是真实存在的优点，而不是敷衍孩子。

第二步，当孩子改正缺点后，及时肯定孩子，让孩子更有成就感，仍然是关注优点。就像一次次被否定的孩子会失去自信一样，一次次被肯定的孩子会建立强大的自信。他会有稳定的自我评价，即使遇到优秀的人，也不会因为对比产生挫败感；即使办砸了事情，也不会总把错揽在自己身上，浪费大量时间跟负面情绪斗争。

每次课程，我都会鼓励家长夸奖孩子，把爱的讯息传递给孩子。

一位家长跟我反馈，她在家里持续鼓励十几岁孩子的结果。

一开始的时候，孩子完全没有反应，反而会跟她说：“你别说这些，因为你转脸又会说我这里不好，那里不好。”

妈妈并没有气馁，而是持续看到孩子的优点，并坚持鼓励。有一天，当孩子回来跟妈妈倾诉最近在学校都没有朋友的时候，妈妈没有像以往一样，说出“是不是你做了一些让对方不开心的事情”之类的话，而是说“谢谢你跟妈妈分享你在学校的事情，让我感受到，在你的心里，妈妈是值得信任的。同时，我也看得出来，除了会思考如何高效学习，你还会思考如何让自己的人际关系变得更好更舒适。”

孩子听完会心一笑。过了几天后，孩子放学回来又跟妈妈说：“妈妈，你知道吗？我今天去问了那个不跟我玩的同学，原来是我想多了，她说并不是不跟我玩，而是随着学习任务越来越多，就没有时间约了。”

看着孩子满脸欢喜的表情，估计是前几天鼓励她思考人际关系的话，她听到心里去了。于是妈妈继续跟孩子说；“你有很在乎的朋友、同学，当你心里有疑问的时候，选择当面去问清楚，而不是停在心里反复猜疑。这需要勇气，而你做到了。”

当妈妈这句话说完，她看到了孩子眼里的光，那种“我能行”的光。

个体心理学创始人阿德勒认为：“在培养孩子练习提升某个技能的时候，更重要的是培养孩子对这个技能有一种‘我能行’的自我认知。”

所以，鼓励孩子，看到孩子做得好的部分，并用客观描述的形式说给孩子听。这样的语言看上去很平淡无奇，但实际上非常具有穿透力。

孩子顶嘴，是自主意识在萌芽

经常会有家长跟我说：“好头疼，我的孩子怎么就这么不听话，我说一句他顶十句。”父母在头疼孩子顶嘴的时候，究竟在头疼什么呢？是因为孩子故意顶撞，还是仅仅因为他想要表达的想法跟父母不一样？

试想一下，如果你在过去的每一天，都在听父母的话，那会出现什么样的局面呢？当你在责备一个孩子顶嘴的时候，又有多少人在抱怨孩子没有主见呢？

1

“顶嘴”代表孩子有主见

美国普林斯顿大学曾做过一项研究。研究人员将2~5岁的孩子分成两组，一组孩子平时喜欢顶嘴，反抗性较强；另一组孩子平时乖顺，反抗性较弱。最终结果发现，反抗性较强的孩子里，约80%的人长大后有独立分析、判断事物和做出决定的能力；而反抗性较弱的孩子中，只有约24%的人长大以后能够独立行事，但独立判断事情的能力较弱，经常需要依赖别人。也就是说，那些爱顶嘴、能顶嘴的孩子，往往独立思考能力也更强。

我女儿有一阵特别喜欢看漫画书，晚上到睡觉的时间了，就是不上床，一定要看。我要她赶紧关灯睡觉，她却说：“为什么哥哥看漫画书，你不管哥哥，却要管我？”我只得跟她解释：“哥哥是你姨妈家的孩子，妈妈当然不管哥哥了。”结果下一次，她去哥哥家住，在哥哥家看漫画书，姨妈要求她早点睡觉，她直接顶一句：“我妈妈都不管哥哥，你凭什么管我？”

养育一个爱顶嘴的孩子，确实会经常让人抓狂，但随着孩子年龄越来越大，你会发现，其实孩子顶嘴，真的不是坏事，毕竟谁也不希望孩子长大以后对人唯唯诺诺、毫无主见。

因此，只要不是原则性问题，我的建议是，要妥善处理好孩子的每一次顶嘴，引导、教导正确地表达自我，这也是亲子之间增进感情的一种方式。

2

批评孩子顶嘴，其实是说孩子不听家长的话

很显然，3岁以下的孩子是不会顶嘴的，一是表达能力不够，二是逻辑思维能力不够。因此，当你的孩子学会顶嘴时，至少说明一件值得高兴的事情——他长大了。一般来说，孩子从四五岁开始会顶嘴，7~9岁是顶嘴的“巅峰期”，进入青春叛逆期后还会再爆发。

当孩子逐渐具备独立意识，同时认知能力提升后，他会通过顶嘴这种方式来抗衡强权。以下几种情景，孩子很容易跟父母顶嘴。

1. 父母命令或强迫孩子做一件事情，但是孩子没法从父母的角度去理解这件事的意义，这件事让他感到不舒服，他就会通过顶嘴的方式提出抗议。

2. 父母认为孩子犯错，对孩子进行批评教育，孩子感觉不服气，他就会从自己有限的词库里找话来回击。

3. 孩子单纯地不喜欢父母对待自己的态度，或者某段时间孩子对父母有意见，不管父母说啥，他就是不开心，就要顶嘴。

3

怎样引导处处对着干的孩子

当孩子顶嘴的时候，父母会认为自己的权威受到冒犯。通常情况下，父母会大发雷霆，试图制止孩子的行为。这个时候千万要记住以下几点。

要控制自己的情绪

如果在孩子顶嘴的时候，父母不分青红皂白，当场把孩子骂一顿，孩子会认为这个父母专断、粗暴、蛮不讲理。一旦孩子觉得你是个“坏爸爸”或“坏妈妈”，那以后顶嘴的日子只会有增无减。

所以，首先要冷静，去倾听孩子。孩子与大人顶嘴有很多原因，但是孩子并不一定能辨别这些原因，冷静地倾听，能够帮助你更快地找到孩子顶嘴的原因。

把孩子当成拥有主见的人来看待

孩子顶嘴时，正是他强化“独立意识”的时候，如果父母以一副“其实你啥也不懂”的态度来应对，他心里的阴影可想而知。因此，父母应该先尊重孩子，再解释教导。

用孩子愿意听的话来沟通

沟通看似简单，其实很难。通常情况下，父母会跟孩子说“不许顶嘴”“闭嘴”“照我说的做”。这不是沟通，这是命令。

父母可以跟孩子用这样的句式沟通：“我不喜欢你的语气，你能换一种语气跟我说话吗？”“我知道你不高兴，可是你能说明一下原因吗？”“你觉得我哪里说得不对？”“如果你能说服妈妈或者爸爸，你就可以不用做这件事。”……

如果实在不知道怎么组织语言引导孩子向正确方向思考，你可以坦诚一点、直接一点，用平和的语气问他：“我很想知道，你为什么要跟我顶嘴？”问这句话时千万注意语气，不要让孩子误会你在恐吓他。要能让他感受到，你在很真诚地询问他的意思，了解他的想法，而不是命令他。

Tips

孩子让爷爷去死，这种时候要怎么管？

一旦孩子“出言不逊”，有不尊重家长、侮辱家长的言语，家长就要及时制止，告诉孩子：“爷爷的话让你很难过，这个我理解，但伤害爷爷的话是不可以说的。等你平静下来，我们去跟爷爷道歉，同时想一想，下次当你感到生气的时候，可以用什么不伤害人的方式，帮助自己平静下来。”

等双方情绪平静后，找机会就这件事面对面平和沟通，把双方心结说出来，讲清楚，做总结，并跟孩子一起进行“头脑风暴”，列出可行的解决方案。

让孩子在离开父母前把所有错误犯一遍

在课堂上，我经常问家长：“你们有多少人相信错误是学习的好机会。”几乎所有人都不约而同地回答完全相信。

接下来，我会再次问家长：“你们的孩子是否相信，父母认为错误是学习的好机会？”家长们马上陷入了沉思。因为这个时候大部分答案都是不相信，或者不怎么相信。

为什么父母明明认为错误是学习的好机会，可是孩子却不认为父母持有这样的态度和观点呢？有家长提出了自己的思考。

认可犯错是学习的好机会，理解这样的观点，这叫作常识；但是将认可的观点付之于实践，这叫行动。当家长没有通过足够多的行动，向孩子示范犯错是学习的好机会时，孩子会从父母应对错误的模式里，判断出父母对犯错的态度。

不准孩子犯错，是父母内心恐惧错误

家长说：“我理解错误是学习的好机会，也认同这样的观点，但就是在孩子犯错的那一瞬间，我怎么都管不住自己，一下就被激怒了。”

其实孩子犯错时，不是父母管理不好自己的情绪，而是父母在孩童时期对犯错的恐惧、害怕和担心等情绪，都被激发出来了，导致对错误有本能的抗拒和恐惧。

一位妈妈被她儿子愤怒的情绪弄得疲惫不堪。有一天，她带着儿子，跟另外一对母子出门玩。在她儿子睡着的时候，对方小朋友送她儿子一个棒棒糖。礼尚往来，这位妈妈就从儿子的小包里，也拿了一个棒棒糖送给对方小朋友。

过了一会，她儿子醒来了，看到对方小朋友手里的棒棒糖是自己的，于是问：“妈妈，是不是你把我的棒棒糖送给他了。”妈妈想都没想就回答：“没有，那是他自己的，我没有送他棒棒糖。”

孩子一看自己包里的棒棒糖没有了，瞬间很生气，开始哭闹：“那就是我的棒棒糖，那就是我的棒棒糖，你这个坏妈妈、臭妈妈……”

无论这位妈妈怎么安慰都没有用，孩子就是很生气，对方小朋友把棒棒糖还给他也没有用。

妈妈很头疼，不明白孩子为什么这么生气，情绪上来了怎么说都没用。

我问这位妈妈："是什么原因，让您没有跟孩子说出实情呢？"

这位妈妈愣住了："如果我说是的，他肯定更生气，越发不可收拾了。"

是的，这就是大人看待错误的本能反应，如果承认了错误，将要承担更严重的后果，不承认兴许后果会轻松一点。其实在那一瞬间，这位妈妈完全没有思考要怎么回答，完全是凭本能直接回答。是什么样的原因让家长在面对错误的时候，本能、迅速地拒绝呢？

接着，我邀请这位妈妈，回忆一个小时候自己犯错的场景。这位妈妈回忆道：

> 好像在六七岁的时候，那时候在乡下长大，放学后，大人们都出去干农活了，我和几个好朋友就在村口的竹林里玩。我们看到了好多新鲜的竹笋，因为在家里吃过，我们都好兴奋，就把那些竹笋挨个全部拔了出来，整整忙了一下午。就在我们准备抱回家，跟大人们分享战利品的时候，竹林的主人出现了。他大声呼叫："你们这些淘气的孩子，怎么把我的竹笋全拔了？"这一下我们才发现事情不妙，但是已经来不及了。
>
> 所有的小伙伴，都被各自的父母领回去，挨了一顿打。我那天很幸运，因为爸爸妈妈不知道去什么地方了，奶奶带着我，就没有打我。但是我心里还是很害怕，万一妈妈回来了还是要打我怎么办？或者竹笋的主人要来打我怎么办？

事情虽然过去了很多年，但是犯错了就会遭到惩罚，犯错了就会要承担很严重的后果。这样一个信念，却深深地烙在了这位妈妈的心里。

在她平静、理性的时候，她能够允许自己和孩子犯错，因为很多学习让她意识到，错误没有那么可怕，课本里也讲过"失败乃成功之母"。但是当面对孩子哭闹、发脾气等有压力的事情时，妈妈烙在内心深处的这个"犯错就会有很严重后果"的声音，瞬间被激活，来影响着这位妈妈的决定。

这就是很多家长苦恼的原因。大多数的家长都是在一个不允许犯错、犯错就要承担严重惩罚的环境下长大的，内心深处有对犯错深深的害怕与恐惧。所以当孩子犯错的时候，才会用拒绝、逃避或者不允许孩子犯错的方式来引导孩子。

只有看见自己内心的恐惧和害怕，并告诉自己有这些害怕是可以的。当父母再次应对孩子的行为时，才能做到脑海里的认知与行为相匹配。

2

不做事的人，才不做错事

某一年新年，在乡下，我看到一个五六岁的小女孩，穿着新衣服，在跳小泥沟玩，结果一不小心摔在泥沟里，裤子弄脏了，鞋子也满是泥水。

她瞬间傻掉了，一直坐在那里默默流眼泪，我蹲下去问她："是不是摔疼了。"她一边哭一边摇头，说："裤子脏了，鞋子湿了，妈妈会打我的。"

我建议她回家换个衣服，她拒绝了，而是自己去到一个小池塘边，试图弄干净裤子和鞋子上的脏污。整个下午，她都没敢回家。在大冬天，穿着湿的裤子和鞋子，耷拉着小脸。

看着那个无助又不安的小女孩，我觉得很难过。我猜，一定是之前有过类似的经历，小女孩怕被责罚，所以不敢回去告诉爸爸妈妈吧。

父母之所以禁止孩子犯错，是因为在他们的潜意识里，犯错是一件特别不好的事情，或者担心犯错误的后果，自己或者孩子承担不起。

但是孩子是通过不断犯错来学习的，列宁说，只有什么事都不做的人才不犯错误。世上哪有不做事的人呢？父母告知孩子，你按照我说的去做，就不会错了。当这么要求孩子的时候，其实就是要求孩子，你听妈妈的话，不要成长就对了。

很多家长抱怨现在的孩子懒，不帮忙做家务，却又在孩子颤颤巍巍去厨房拿碟子的时候，大声制止孩子：“小心，你看你怎么拿的，这样会打碎的。你赶紧放下，放下！”父母阻止了孩子打碎盘子，也打碎了孩子再次拿起盘子的信心。

有效的养育是在孩子离开父母、独自生活之前，培养他所有独立生活的技能，而习得这些技能的过程，其实就是不断“犯错—总结—再改正”的过程。有效的养育，就是让孩子在父母身边，把所有将来人生会犯的错误都犯一遍。

读过一个网友丽子分享的小故事。高考结束那年，同学分别在即，丽子跟同学出去喝酒唱歌，玩到半夜才回来，家里人特别担心。

第二天晚上，父亲约丽子去外面的酒吧喝酒，还对她说：“尽量喝，爸爸会带你回家的。”那天丽子便和父亲一共跑了5间酒吧吃吃喝喝，但到了最后一家时已经毫无印象，她自认应该是醉倒在吧台上了。

第二天早上醒过来，父亲已经上班去了，留了一封信让母亲交给她。信里说：“你记得昨晚喝了多少酒而醉倒了吗？一共是两瓶啤酒跟五小杯红酒，这就是你的极限。世界上有很多坏人，我没办法永远在身边保护你，所以才让你知道你的极限，学会保护自己，我相信你一定能做到。”

在有的家长看来，孩子喝酒就是犯错，在做不应该做的事情，但是这个爸爸让犯错成为一个很好的教育时刻、积累经验的时刻。孩子在这次的经验里明白，如果以后在外面喝酒要注意什么，才能确保自己安全回家。

既然犯错误不可避免，那么，在孩子犯错时，父母是对错误零容忍，但是对如何改正这个错误置若罔闻；还是欢迎错误，同时邀请孩子从错误中学习、吸取经验呢？这是家长可以决定的事。

3 教会孩子从错误中学习

《园丁与木匠》这本书中提到，孩子从极端依赖到极端独立，过程中需要经历很多内在的矛盾与冲突，没有简单的解决方案。在经历混乱的童年期时，如果没有成人的有效引导，加之非黑即白地评判自己的行为对错，就很难建立起内心稳定的秩序。没有稳定的运作系统，好像一套过时的电脑处理器，却要运行最新版本的软件，想想也知道会超负荷。

所以，犯错是孩子成长的必经之路。作为家长，与其努力避免让孩子犯错误，不如帮助孩子在犯错的过程中总结经验，学习技能，直至慢慢走向独立。

那么，当孩子犯错的时候，你要怎么做呢?

不要急着评价孩子

当孩子犯错的时候，父母常常会用固有的认知，非黑即白地判断对与错，接着做出针对孩子的评价，比如跟孩子说："你就是学习态度不端正！"给孩子贴上这个标签后，再急着去解决孩子学习态度的问题。评价会让孩子觉得自己就是个错误。实际上，孩子只是犯了个错误。

矫正错误的三个R

把错误看作学习的机会，说起来容易做起来难。正面管教中有一个工具——矫正错误的三个R，对父母和孩子来说，都是有帮助的，因为它们提供了弥补错误的技巧，你可以学会，同时你可以教给你的孩子。

第一个R，Recognize，承认：带着责任感而非自责，承认错误。

第二个R，Reconcile，和好：通过道歉和好。

第三个R，Resolve，解决：通过一起寻找一个相互尊重的方案解决问题。

在使用这个工具的时候，要记得下面几个小提示。

第一，要确保你和孩子的情绪都是平静的。因为父母和孩子所犯的大多数错误都是发生在情绪失控的状态下，要花时间让自己冷静下来，否则会达不到自己想要的效果。

第二，父母先要解决对错误的认识。这可能需要你在养育孩子的同时重新“养育”自己。很多父母会跟孩子说“我不应该跟你发火，但是如果你不怎样，我就不会发火了”，这种承认错误的方式，孩子是不会接受的。

> 女儿有天晚上趁我去楼下买东西，照着参考答案把家庭作业抄完了。看到我回家，她跟我撒谎：“妈妈，数学作业我全部做完了，我没有抄答案。”但孩子内心始终还是不安的，快要睡觉的时候，当我夸她的作业写得又快又好时，她终于忍不住跟我承认了抄答案这件事。
>
> 我冷静了一下，拥抱着女儿跟她说：“其实妈妈知道你抄答案了，谢谢你跟妈妈坦承这件事。妈妈要跟你承认错误，我把你一个人留在家里，让你独自面对参考答案就在手边，但是要忍住不抄的诱惑。”

当我说完这句话，女儿彻底放松了下来。随后我们互相为自己没做好的部分道歉。

道歉让亲子之间建立了连接，女儿主动告诉我："我知道抄写答案不对，那是妈妈把标准答案放在那里，用来核对作业是否正确，我就想着反正妈妈不在，快点写完就可以快点下去运动了。"

要让孩子改变抄写答案的行为，最根本的办法还是要了解是什么原因导致孩子去抄。内心根本的想法没有改变，即使孩子嘴上答应了不抄或者家长把答案收起来，只会逼迫孩子去寻找其他抄袭的办法，问题的根本没有得到解决。

所以，错误其实是一个契机，正确应对不但能够帮助孩子学习解决问题的方法，还能让亲子关系变得更融洽。

Tips

孩子天天撒谎，如果这也容忍的话，岂不是在纵容孩子？

很多家长在孩子犯错的时候，上升到对孩子品行的定论，这其实只会让问题越来越严重。

英国哲学家罗素说："孩子的不诚实几乎都是恐惧的结果！"如果孩子频繁撒谎，家长首先要反思，自己是不是太过严苛，让孩子恐惧说出真相，而跟孩子有着怎样的品行毫无关系。

印度国父甘地的孙子曾经写过他父亲的事。有一次，他和父亲一起进城办事，他开车将父亲送到目的地后，约好下午5点来接父亲。然后他去修车，修完就自己去看电影了。但是他看了两部片子，完全沉浸在影片里忘了接父亲的时间，等想起来赶到的时候已经6点了。父亲担心地问："你怎么迟到了？"他骗父亲说："车没修好，我在那等着。"父亲早给修车厂打过电话，知道他撒了谎，于是说："一定是我对你的教育出了什么问题，使你没有足够的勇气告诉我真相。为了弄清楚我究竟错在哪里，我要步行回家。"

18千米的路，父亲走了5个半小时，而他一直开车跟在后面。就在那个时候，他发誓，今后坚决不再说谎。后来的一生里，他经常会想到这件事。他说："如果父亲像别人那样将我责打一顿，我会忍受惩罚，然后再次犯错。"

第六章

小事情里培养大品格

教会孩子勇敢说“不”

一些父母常常苦恼孩子不懂拒绝，事实上，要大胆说出一个“不”字，包括家长自己，其实都不太容易。

一位家长跟我说，她在单位特别苦恼，同事都觉得她是一个乐于助人的人，所以大事小事都来找她帮忙，有时候，明明自己的工作都快要忙不过来了，却还是在别人请求帮助的时候，下意识地回答：“好呀，没问题。”

其实，生活中很多人都跟这位家长有同样的苦恼。明明自己手边好多工作在处理，突然收到一条信息“江湖救急，领导要发言稿，你帮我写一篇呗，要快！”“帮我订张飞机票好不好？我不知道怎么操作。”“你们家孩子现在都在看什么书呢？帮我列个书单吧”……

明明心里想说的那句话是“我没空，我现在很忙”，但脱口而出的那句话却是“好的，等下给你”。

当你还是一个孩子的时候，就不被允许说不了

用心去观察一下，不难发现，小孩子刚开始学说话的时候，会经常表达自己的拒绝。吃饭的时候，会摇头："我不吃了！""我不喜欢吃！"出门时如果父母让他打招呼，他会说："我不喜欢他！""我不想打招呼！"跟小朋友玩，如果有孩子想要他手中的玩具，他会说："我不给！"

……

在表达自己的不愿意和拒绝时，小孩子的方式真的就是直接又简单：不，不要，不喜欢。

小孩子表达拒绝并不需要任何理由，但是回头看看，成人在面对小孩子说不的时候，会做些什么呢？

通常父母会这样说

“不吃饭怎么行？快来，再吃一点！”

“这个有营养啊，不喜欢吃也要吃一点。”

“要喊人，不可以这么没礼貌。下次再这样，妈妈不带你出来了。”

“把玩具给弟弟玩一下，他只玩一下，又不要你的，不可以这么小气，快！”

……

而孩子期待父母这样说

“你吃饱了对不对？”

“哦，你不喜欢啊，妈妈知道了。”

“在一个新环境，你有点紧张对不对？没关系，你可以用自己感觉舒服的方式跟其他人相处。”

“这是你最心爱的玩具，你舍不得给弟弟对吗？那你能不能想一个好办法安抚弟弟呢？”

……

从父母通常的处理方式中，孩子形成的逻辑常常是：说“不”是错误的；说“不”会让爸爸妈妈不再爱我；如果拒绝，我就会失去……这种意识冒出来的时候，孩子开始一次比一次不敢拒绝。

当他逐渐长大成人，如果有人提要求，他就会发现，自己首先关注的不是对方的要求是否合理，而是担心如果不答应，自己就错了，就不再被爱了，就会失去。

那样的感觉太可怕了，即使孩子已经成年，已经有拒绝的能力，也能承担拒绝的后果，但他就是不敢说“不”。

不允许孩子说不的家长，内心都有个受伤的小孩

当孩子说“不”时，大部分家长内心是拒绝的，不允许孩子表达自己的意愿。更过分的是，明明是自己不允许孩子表达拒绝，父母却不能诚实地告诉孩子，这是自己的原因，与孩子无关。而是给孩子讲一堆道理和理由，证明自己的不允许是有道理的，是对的。

每一个在孩子表达愤怒与拒绝时，觉得自己难以忍受的家长，其实内心都藏着一个受伤的小孩。这些家长过往的记忆里一定有一个甚至很多个场景，是想要表达自己的愤怒和拒绝，却被强行禁止了。

因此，当孩子情绪激动地表达拒绝时，家长会看不到孩子在表达不舒服的感受，因为孩子的表现会戳痛家长内心那个受伤的小孩，所有的这些都发生在潜意识层面，没有察觉。所以家长认为，自己生气是因为孩子的行为过分了，禁止孩子有这样的行为，是在教育孩了，希望让孩子变得更好。事实上，这些都只是因为家长内心深处有尚未愈合的创伤。

从小到大不允许说不的孩子，我相信不在少数。我的朋友分享过一个心理咨询的故事。

一个女孩去看心理咨询师，她对咨询师提出了一个要求，希望咨询师提前看下她的博客。

咨询师答复："你没有权利占用我额外的时间。"女孩立刻解释："对不起，我这样提要求很不合理，很抱歉!"

咨询师问女孩："你不能允许自己提不合理的要求?"女孩瞬间泪如雨下，低头说："我能提不合理的要求吗？不通情达理的我谁会接受呢？"咨询师说："你可以提要求，别人也可以拒绝。"

不管是要求还是拒绝，都是中性的，它们从来都不会伤害人。让你备受伤害的是，你觉得对方的要求不合理，你却答应了。

3

教会孩子拒绝，父母要先学会说“不”

人们常常说“言传身教”，那是因为孩子从父母身上习得处事和处世的方式。如果父母想让孩子学会拒绝，首先自己就要学会拒绝。

暑假的时候，我带女儿和十几个朋友一起去旅游。有天晚上吃饭的时候，大人们在喝酒，有个年长的阿姨喝醉了，提议大家吃完饭去唱歌。我女儿不想去，于是我跟大家说，我们先撤退了。

这时候大家都围过来说：“没关系，她们喝酒，你唱你的歌呀。”“乔乔你不要害怕，她们平常就是这样的，等一下就不喝了”“你要合群一点，这会儿回去多没意思啊”。

……

听着大家一句一句地劝，我也想劝女儿要不就勉为其难去那边待会儿吧，不能因为我们两人扫了大家的兴。我还没开口，就看到女儿红红的眼眶。

那一瞬间，我庆幸自己没开口，我把女儿拉到旁边跟她说：“如果你不想去，我现在就打车带你回家。你做任何决定我都支持你。”

女儿很肯定地告诉我：“妈妈我不想去，唱歌没意思，大人还喝酒。”

我于是很坚定地跟大家告别，带女儿出了餐厅。

打车回来的路上，我跟女儿说：“我今天带你回来，是希望将来遇到任何自己不愿意的事情，你都有勇气遵从内心的想法，并且勇敢地说出来，然后去做，无论其他人怎么说。”

如果父母希望孩子将来能够做自己，当下就一定要支持他做自己。做自己是一种习惯，而不是突如其来的技能。

Tips

不管大人说什么，孩子都说不要、不行，很让人头疼

通常这种情况有以下两种原因。

1.当孩子处在生气的时候，不管父母跟他交流什么，他可能都会回答不好、不要。父母要意识到孩子处在负面情绪当中，跟孩子说：“你现在有些愤怒，等你平静下来，我们再好好交流。”

2.察觉一下，看自己的语言里面是不是有太多的命令、要求。当孩子接收到命令的语言时，会自动启动服从或者反抗模式。将“你要去做什么”改成“那接下来你有怎样的想法呢”，听听孩子的意见。

给零花钱，可以影响孩子一生的金钱观

在课堂上，我经常会问大家：“小的时候你是怎么得到钱的？你从得到钱的方式里，学到了什么？这对你现在的金钱观，有什么影响？”

有位家长告诉我说：“小时候根本没有钱的概念，家里不会给零花钱。需要买什么东西，妈妈也是给多少花多少，或者想办法虚报一点给自己留着用。所以现在我也没有存钱的概念，有一点结余就想着要去置办点什么，不然不舒服。”

还有一位家长说：“小的时候没有零花钱，长大后读书，每个月有生活费，但妈妈总告诉我家里还有弟弟要上学，欠了外债，要节约。所以我现在如果看到自己喜欢的东西，会很纠结，明明有那个消费能力，但买了不舍得，不买也很不舒服。到最后，这种感觉会把买东西的喜悦感完全淹没。”

我接下来又问大家：“那现在，你的孩子用什么方式得到钱？你的孩子会从得到钱的方式里学到什么呢？”所有人都陷入了沉思。是啊，孩子会从父母给他钱的方式里，学到什么呢？

1

定期定额给零花钱，让孩子从小和金钱当朋友

这两年，“消费失控”“花钱上瘾”“深陷消费贷的年轻一代”的新闻和专题报道层出不穷。尼尔森2019年发布的《中国年轻人负债状况报告》提到：在18~29岁的年轻人中，信贷产品的渗透率为86.6%，其中占比最高的是消费类信贷。这真的是一件很可怕的事情。

我认识一位女孩，大学刚毕业的时候，每次一发工资，都会优先买自己看了好久的一件漂亮衣服、一支口红等，而不是先留出必需的花费。等到月中，就开始捉襟见肘，甚至要借钱熬到下个月发工资，但是下个月发工资时又是如此。

后来，有了信用卡，再后来，网上就能办理贷款。几年时光，她就欠了一堆债，把自己搞得焦头烂额。

从孩子很小的时候家长就要帮助他理性地面对消费，不断提高自我控制能力，对避免孩子日后掉进消费陷阱中，特别重要。

女儿从5岁开始，我们家就会经常练习一个跟金钱有关的问答，那就是想要的，还是需要的。

每次购物前，我都会问女儿这个东西是想要的，还是需要的。

“宝贝，你觉得牛奶是需要的还是想要的呢？”

孩子回答：“需要的，因为牛奶有营养。”

“那你觉得果冻是想要的还是需要的呢？”

“想要的，因为果冻也可以不吃，它不是长身体必须要的食物。”

通过这种反反复复的问答，让孩子弄清楚什么是想要的，什么是需要的，并告诉孩子：当手里的钱比较有限的时候，首先要满足的是需要的，其次才是想要的。

女儿小的时候，每周我会固定给她发放5元零花钱。有一次，她看好一个小兔子挂件，需要16元，她特别想要，我跟她说：“你可以问妈妈借16元钱，然后你每周用零花钱还。”

她说：“我先问问老板能不能给我留着这个小兔子，如果能留着，我就不向你借，要是不能留，我就向你借。”

当老板同意她留着那个小兔子挂件时，她很开心地跟我说，不用借钱，可以自己攒够了再去买。

攒了大概一个月，我都忘记这件事了。有一天，她拉着我奔到文具店，跟我说：“妈妈，我终于攒够钱了。”

5块钱是孩子每个星期的收入，才几岁的她，就学会了根据收入来判断是否可以消费，这是通过理性思考来控制欲望的一个过程。当这个过程逐渐成为消费习惯时，就意味着孩子掉入消费陷阱的概率会大大降低。

2

小时候得到钱的方式，影响成年后的金钱观

我比较提倡给孩子定时定量发零花钱，合适的年龄是：从孩子能认识钱，并能独自拿着钱去超市买东西。

从孩子5岁开始，每周我给她5块零花钱。而一些面值比较大的钱，比如亲戚给的超过100元的红包，以及过年期间的压岁钱，是不包含在这里面的。这笔钱，孩子会交给我，我单独开一个卡帮她存起来。

当然，如果孩子大一点，我也建议父母在愿意的情况下，放心把压岁钱等收入交给孩子自主支配，这也是一个教会孩子使用金钱的好机会。

1. 要教会孩子分配。收到零花钱后，分成几份，一部分用于储蓄，一部分用于购买自己想要的东西，一部分用于应急或者给亲友送小礼物。

2. 教孩子列购物清单。成人在逛超市或者商场的时候，都容易买计划外的东西，孩子就更是如此了。在消费前，列一张购物清单，只买需要的东西，能够帮助孩子避免额外的、没有必要的花费。

3. 学会记账。记账不但可以帮助父母了解孩子把钱花到哪里去了，还能教孩子弄清楚哪些是必要支出，哪些是不必要支出。

在这个过程中，父母要切记，如果赋予孩子权利，就要信任孩子。可以引导，但是千万不要用自己的认知或者判断来干涉孩子如何使用金钱。

要允许孩子买自己想买的东西，也要接纳孩子提前把所有的零花钱花光。这样孩子在感受到支持的环境下，他会学会下一次如何合理地支配零花钱。久而久之，孩子就在这一连串的“得到钱—支出钱—保管钱，甚至提前花完钱”等动作中感觉到：我是金钱的主人，我可以支配属于我的金钱，并合理地规划它。

只有长时间和金钱打交道，孩子才能够慢慢培养出良好的金钱观。因为，金钱观不是凭空想象出来的，而是实践出来的，甚至可以说是在一次次错误中积累总结出来的。

那么，当孩子出现不合理的消费时，父母应该怎么跟孩子沟通呢？比如孩子提前花光了一周的零花钱，可是这一周才开始一天。通常情况下，父母可能会说：“就不能给你钱，给你一天就花光了。”

更好的方式是这样跟孩子说：“这个星期你一天就用完了零花钱，一定买了你非常需要的东西。那关于下个星期的零花钱支配，你有什么想法吗？”把孩子提前花完所有钱，当成一个练习合理支配钱的机会，而不是评价孩子不能好好管理钱。孩子只有经历使用不当的过程，才会思考并获得经验，并锻炼出判断能力。

孩子的金钱观一方面是如何获得和消费钱，另一方面更深的影响则来自爸爸妈妈的消费习惯。

作为父母，你希望孩子身上具备什么品质，首先自己需要慢慢习得这样的品质。毕竟，育儿路上太多的烦恼源于渴望孩子拥有父母本身不具备的品质。

从被电子产品控制，到控制电子产品

做家庭教育工作这么多年，关于电子产品带来的育儿挑战，一年比一年多。有妈妈曾经说，他们家庭关系的最大危机就是电子产品。

还有妈妈跟我吐槽："国家就应该出台政策，禁止不良App和不良游戏，好好的孩子，一天天只想着玩游戏、看剧、刷抖音。"

需要承认的一个事实是：无论你对电子产品抱有怎样的态度，它都已经融入了日常生活，你没办法杜绝孩子跟电子产品接触。因为学校布置家庭作业，需要用手机查看；很多线上课程，需要用平板或者电脑完成；孩子需要的一些资料，也常常需要在网络上查找……

如果不得不长期相处，与其把电子产品当敌人一般防着，不如想办法把它变成对孩子有益的朋友。

与其禁止，不如允许

孩子作为互联网时代的原住民，不是说父母禁止他玩，他就可以不玩的，既然禁止也是抗争着、偷着玩，那不如直接允许孩子玩。

但是，你可以告诉孩子你的担忧，跟他一起头脑风暴一下，怎样做可以在玩手机的同时最大限度地保护视力，然后把头脑风暴出来的建议当作你们的约定来执行。因为是孩子自己想出来的办法，他会更愿意去遵守。

女儿寒假的时候，我们就如何使用手机进行过一次谈话，我说："手机上的内容，对我们的吸引力太大了，就算是妈妈，有时候也不能抗拒，各种信息扑面而来的时候，时间很快就过去了，你能想出什么办法，既能每天玩到手机，又不影响学习和睡眠吗？"

最后，女儿自己提出，每天使用两次手机，由妈妈提醒时间，过了时间，就把手机交给妈妈来保管。

执行的时候还是会出现反复，女儿会说："妈妈你再和我谈谈话，看看我们有什么地方需要调整。"

2

不是孩子沉迷电子产品，而是家长把孩子交给了电子产品

电子产品确实带来很多挑战，但这些挑战都是亲子关系的呈现。电子产品跟人从来都不是对立的，它不会让孩子沉迷其中，而是父母在不知不觉中，把孩子交给了电子产品。

一个对电子产品开始上瘾的孩子，一定是在过去很长一段时间，家长没有花更多时间关注孩子的生活。而一个对电子产品上瘾的孩子，他花了多少时间沉迷在电子产品上，家长就需要付出相同甚至双倍的时间和精力，重新建立跟孩子之间的连接，甚至可以说需要重新养育一次这个孩子。

3

合理使用电子产品对孩子学习有益

玩电子产品和学习其实并不是对立的。网络的普及让资讯的获得变得非常方便，也能让更多孩子有机会接触到优质的教育资源。针对这种情形，家长仍然需要陪伴孩子参与其中。

网络社会跟真实社会是一模一样的。只有参与其中，花时间陪伴孩子，才能帮助孩子辨别网络社会的好坏、真假、善恶，才能知道孩子正在接触的这个东西，对他有帮助还是有损害。

4

利用电子产品拉近亲子关系

有一段时间，每周五放学后，我都会跟女儿一起挑选一部经典的电影，然后给她准备爆米花，让她尽情享受观影时间。我也会陪她一起看，看完以后我们会交流电影的内容，甚至把相关的系列电影、书籍再找出来一起看，一起讨论。

有一天晚上，我带女儿去朋友家，看到朋友母女两个，一边在手机里查找烤面包的步骤，一边对照着在厨房准备各种食材。我朋友说，她还经常和女儿在网络上搜索旅游攻略，让孩子来选择出门旅游的路线、景点和酒店。为了让旅途更轻松，她们会把想看的书籍、电影提前下载到电脑里，方便在旅途中随时看。

这些时候，电子产品都“为我所用”了，而且，至关重要的是，在孩子技能尚未具备之前，家长始终参与其中，亲子关系的黏度也变得更高了。

Tips

孩子不遵守约定，到收手机的时间就生气怎么办？

- **提前约定：**什么规矩提前说清楚，而且确认孩子能理解。
- **反复提醒：**孩子会忘记规则，过程中多次温和提醒，执行时孩子更容易接受。
- **跟进执行：**理解孩子会不情愿，但可以用短语短句温和提醒：“我们的约定是什么？”然后态度和善、行动坚定地执行。
- **及时鼓励：**巩固孩子的正向行为：“谢谢你遵守了我们的约定！”

其实孩子有时候生气，表示没玩够，并不一定是要家长去满足他继续玩手机的愿望。他需要的是情绪被照顾到，感受被看到，孩子是有能力承受愿望不能总是被满足的情况的。他承受不了的是，当愿望不被满足时，家长对他的责备。

Smiling